中小学生
自我管理
主题班会设计

谷力群 李 满 主编

清华大学出版社
北京

内 容 简 介

本书共分为四章，内容主要包括：时间管理、情绪智慧、社交艺术、目标领航。

本书为教师提供一系列详细而实用的主题班会设计方案，可供中小学教师在开展自我管理教育主题班会时选择使用。

图书在版编目（CIP）数据

中小学生自我管理主题班会设计 / 谷力群，李满主编 . -- 北京：
清华大学出版社，2025. 1. -- ISBN 978-7-302-68141-0

Ⅰ. G635.5

中国国家版本馆 CIP 数据核字第 2025GK1167 号

责任编辑：刘思含
封面设计：傅瑞学
责任校对：赵琳爽
责任印制：刘　菲

出版发行：清华大学出版社
　　　　　网　　址：https://www.tup.com.cn，https://www.wqxuetang.com
　　　　　地　　址：北京清华大学学研大厦 A 座　　　　邮　　编：100084
　　　　　社总机：010-83470000　　　　　　　　　　邮　　购：010-62786544
　　　　　投稿与读者服务：010-62776969，c-service@tup.tsinghua.edu.cn
　　　　　质量反馈：010-62772015，zhiliang@tup.tsinghua.edu.cn
印 装 者：河北盛世彩捷印刷有限公司
经　　销：全国新华书店
开　　本：185mm×260mm　　印　　张：11　　字　　数：204 千字
版　　次：2025 年 3 月第 1 版　　　　　印　　次：2025 年 3 月第 1 次印刷
定　　价：39.90 元

产品编号：103285-01

序

谷力群教授带领的团队编写的《中小学生自我管理主题班会设计》即将由清华大学出版社出版，该书内容丰富、涵盖面广、可操作性强，为广大中小学教师提供了理论基础扎实和科学的班会课程设计指南。

2012 年，党的十八大提出把立德树人作为教育工作的根本任务，恰逢其时，北京师范大学资深教授林崇德带领全国的研究团队通过多维度的研究方法，建构了中国学生发展核心素养体系总框架，标志着中国教育改革进入了一个新阶段，即教育改革的"3.0 时代"。作为一套有系统规划设计、指向 21 世纪育人目标的体系，中国学生发展核心素养的建构具有非常重要的意义和价值，它从多个途径和多个角度引导整个教育系统的变革：指导课程改革、指导教学实践、引导学生学习、指导教育评价。它不仅有助于落实立德树人的根本目标，也为课程改革和育人模式变革提供了方向，有助于提升"大思政课"的教育质量和效果。我有幸参与了研发的过程，同时也结合了我们团队长期研究儿童、青少年健全和创造性人格的成果。"核心素养"的丰富完善和最终落实，需要来自教育系统内外社会各界的共同努力，这是一个不断推进和层层落实的复杂过程。《中小学生自我管理主题班会设计》基于核心素养体系的总框架应运而生，旨在以班会课堂为重要的教育载体，为中小学教师提供一套系统，有效提高班会课堂的利用率，促进学生的全面发展，切实地落实核心素养。

班会课堂是基础教育中一个独特的存在，它不仅是我国学生集体活动的场所，更是学生自我教育、自我管理的重要平台。通过班会，学生可以树立集体意识，促进身心发展，培养良好习惯。然而，在现实教学中，班会往往容易被忽视，甚至被误用，这浪费了教育资源和教育的良机，而《中小学生自我管理主题班会设计》正好为中小学教师提供了很好的抓手。

谷力群教授主编的这本书具有以下三个特点。

一是理论性和本土性的统一。这本书以中小学生核心素养为基础，从核心素养的三大方面、六个维度和十八个具体内容设计了符合新课标、理论根基深厚的主题。目标是培养全面发展的人，不仅仅关注知识的传授，更注重必备品格和关键能力的培养，以适应社会和终身发展的需要。班会本身也是我们国家基础教育中特有的特色活动，大多数活动的素材都源于中华民族的传统文化。

二是思想性和实践性的统一。这本书是落实"核心素养"的一个尝试，以"一个主题多个实操案例"为特色，班会主题与国家教育方针相一致，提供了丰富的班会主题和实操案例，满足不同学龄段的教学需求。书中提供了详尽的案例模板，辅以课程设计理念与方法的介绍，助力班会的全面开展，既有思想性又有实践性。

三是文字和数字化的统一。目前 90 后和 00 后已经成为中小学教师中的骨干力量，为了适应他们的教学特点，也为了节约教师们的时间，这本书与时俱进，突出了内容的前沿性，和使用手段的数智化，不仅提供文字材料，还配套了丰富的多媒体资源，包括视频、PPT 等。

教育是一项系统工程，需要我们不断地探索和实践。《中小学生自我管理主题班会设计》的出版，是对基础教育事业的一份贡献。我相信，这本书的出版，能够激发更多的教育工作者落实核心素养体系，提高基础教育教师对学生心理发展规律的认识，共同推动我国教育事业的发展。

刘　文

中国心理学会认定的心理学家

世界学前教育组织（OMEP）中国委员

中国社会心理学会常务理事

中国心理学会理事

中国教育学学校教育心理学分会常务理事

前　言

在当今社会，自我管理是不可或缺的关键能力，它对中小学生的成长与发展尤为重要，构成了他们进步的稳固基础。我们坚信，凭借高效的自我管理技巧，学生能够更有效地安排时间、调控情绪、处理人际关系，并朝着个人目标稳步前进。

本书专为教育工作者设计，呈献一系列详实且实用性强的主题班会方案，每套方案融合了理论精髓与互动环节，旨在全面提升学生的自我认知力、自我控制力及自我驱动力。

本书内容精心编排为四章：第一章深入浅出地讲解时间管理，阐述时间管理的核心价值，教授高效时间规划法，助力学生提升学习成效与生活品质；第二章介绍调节情绪的方法，引领学生认识到情绪管理的重要性，掌握实用的情绪调节策略，培养正面情绪，促进心理健康；第三章则通过一系列指导，帮助学生精进社交技能，构建和谐的人际关系网，营造积极向上的社交环境；第四章指导学生确立清晰的目标，制定实施策略，并通过自我激励与持续努力，将梦想变为现实。每章都是学生迈向成功之路的坚实步伐。

由于编者水平有限，本书难免有不足之处，期望使用本书的教师和专家给予批评指正，以便我们不断修订完善。

编　者

2024 年 10 月

扫码获取图书配套资源

目　录

第四章　**目标领航**·············**124**

第一章　时　间　管　理

1.1　时间像流水一样，它不会停留（适合小学低年级）

时间对于每个人而言都是非常宝贵的资源，特别是对于我们学生群体来说更是如此。但是，有时候我们可能会觉得时间不够用，不知道如何安排好时间。

在本节中，我们将一起学习如何更好地管理我们的时间，让我们的每一天都过得更有条理、更充实。通过这次班会，希望能够帮助大家养成良好的时间管理习惯，让我们的学习和生活更加顺利。

在我们探索时间管理的同时，我想与大家分享一些相关的名人名言，这些名言可以给我们启发和思考。我想邀请大家思考一下这些名人名言的意义，你们对这些名言有什么理解？我们可以一起分享一下。

（1）"时间是最公正的裁判。"——莎士比亚

（2）"时间就是金钱。"——富兰克林

（3）"盛年不重来，一日难再晨。及时当勉励，岁月不待人。"——陶渊明

（4）"时间的步伐有三种：未来姗姗来迟，现在像箭一样飞逝，过去永远静立不动。"——席勒

（5）"时间就像海绵里的水，只要愿挤，总还是有的。"——鲁迅

（6）"时间是伟大的导师，它能教会我们一切。"——伯克

（7）"时间是一切财富中最宝贵的财富。"——德奥弗拉斯多

（8）"时间是世界上一切成就的土壤。时间给空想者痛苦，给创造者幸福。"——麦金西

互动交流 1　时间在哪里？

在一个古老的王国里，有一个年轻的王子，他对时间的概念充满了好奇和疑惑。他时常会问自己："时间到底在哪里？为什么我们可以感受它的存在，却无法抓住

它呢？"

有一天，王子决定离开王宫，去探索世界，寻找关于时间的答案。他穿越了茂密的森林，爬过了险峻的山脉，跨过了湍急的河流，一直寻找着时间的踪迹。

终于，王子来到了一个神秘的废墟。在废墟中，他发现了一本古老的书籍，书中记载着一段关于时间的故事。

很久以前，世界上的一切都是静止的，没有时间的概念。人们过着单调而无趣的生活。于是，一位名叫刻度之神的神灵出现了，他带来了名叫时间的礼物。

刻度之神告诉人们："时间是一种奇妙的存在，它存在于世界上的每一个角落。时间就像是一条无形的河流，它不断流淌，带给我们变化和成长。"

人们对时间这份礼物感到非常兴奋，他们开始用各种方式感知和表达时间的存在。有人用日历和钟表来测量时间的流逝，有人用钟声和鸟鸣来感受时间的推移，有人用绘画和音乐来表达时间的美妙。

王子读完故事后，陷入了沉思。他明白了时间并不是一个实体，它存在于生活的方方面面。时间在每一个瞬间都在流动，带给我们变化和成长。

于是，王子回到王宫，分享了他的经历和领悟。他鼓励大家珍惜每一个瞬间，用心去感受时间的流逝。从那天起，王国中的人们开始更加珍惜时间，用它来追求梦想、创造美好的生活。

讨 论

引导学生思考与讨论：
1. 请大家把手里的日历翻开，看看今天是几月几号，星期几？
2. 我们来看墙上的钟表，哪位同学能告诉我现在是几点钟？

评 析

时间并不是一个可以被抓住的实体，它存在于生活的点滴之中。我们应该用心去感受和珍惜时间，把握每一个瞬间，让我们的生活变得更加美好和有意义。通过王子寻找时间的故事，学生更加深入地了解了时间的"非实体性""一维性""无可替代性"等特性，激发了珍惜时间的意识。学生通过对日历、钟表的认知，将时间的"刻度"清晰地表达出来，为科学管理时间打下了认知基础。

扩 展 习 题

1. 在表盘上时针从一个数走到下一个数的时间间隔是（　　　　）。
　　A. 15 分钟　　　　B. 30 分钟　　　　C. 45 分钟　　　　D. 1 小时

2. 在表盘上时针从一个数走到下一个数,分针正好走（　　　　）次,也就是（　　　　）分。

    A. 15　15　　　　　　　B. 20　20　　　　　　　C. 15　20　　　　　　　D. 60　60

3. （　　　　）时整,表盘上的时针和分针成一条直线。

    A. 1　　　　　　　　　B. 3　　　　　　　　　C. 6　　　　　　　　　D. 9

4. 假设现在是 11 时,再过 2 小时是（　　　　）时。

    A. 9　　　　　　　　　B. 10　　　　　　　　　C. 12　　　　　　　　　D. 13

5. 假设现在的时间是 1:57,再过 3 分钟是（　　　　）。

    A. 1:54　　　　　　　B. 1:55　　　　　　　C. 1:59　　　　　　　D. 2:00

答案：**D D C D D**

互动交流 2　拒绝拖延

在一个远离小镇的山上,有一位名叫阿里的年轻人,他是一名山岳探险家。阿里梦想着攀登这座高山的顶峰,成为一名成功的登山者。

然而,阿里发现自己总是拖延准备登山的事情。他经常把训练、购买装备和规划行程的安排推后,觉得还有很多时间可以做这些事情。但随着时间的流逝,离登山的日期越来越近,他才意识到自己没有做好充分的准备。

最终,阿里决定改变自己。他意识到自律和合理安排时间的重要性。他制订了一个详细的训练计划,并且按时进行训练。他花时间研究装备,确保购买的每一样装备都符合登山的要求。他还仔细规划了行程,了解山脉的地形和天气变化。

随着时间的推移,阿里变得越来越自律。他每天早起,按计划进行训练,不再拖延。他逐渐加强了自己的体能,提高了相关的技能,并且对登山的知识有了更深入的了解。

终于,登山的日子到了。阿里准备充分,背着装备,踏上登山的征程。虽然登山的路途艰辛,但阿里凭借坚定的意志和充分的准备,成功地攀登上了山顶。

站在山顶上,阿里感受到了巨大的成就感和满足感。他意识到,如果自己没有自律和合理安排时间,他永远无法达到这个目标。他明白,拖延只会浪费时间和机会,而自律和学习能够帮助他实现梦想。

回到小镇后,阿里成了一位受人尊敬的登山家。他向人们分享自己的经历,鼓励他们培养自律和合理安排时间的习惯。他告诉大家,只有通过自律和不断学习,才能克服拖延,取得成功。

讨论

1. 教师组织学生分组讨论以下问题,并请各小组派代表与全班交流。

（1）是什么原因让阿里决定改变自己？

（2）阿里具体做了哪些改变？

2. 教师给予反馈：养成珍惜时间的好习惯，是需要进行长期训练的。阿里认识到了时间的重要性之后，他制订了一个详细的训练计划，什么时候该做什么事情都写清楚，这样就可以督促自己按照计划进行训练，不再拖延。现在请各位同学像阿里一样也为自己制订一个计划，写出在未来一周时间内，你每天都要坚持做的 3 件事情、这些事情从几点开始到几点结束、用不用谁来监督，然后和旁边的同学相互分享一下你写的内容，签上自己的名字，再请旁边同学作为见证者签上名字。

3. 心理引导：自律是管理好时间的前提和基础。我们可以像阿里一样，从做一件事（登山）开始锻炼自己的自律，提高对时间的管理能力。

评析

自律、学习、时间和拖延之间有着密切的关系。只有通过自律和合理安排时间，我们才能克服拖延，实现自己的目标。通过阿里登山的小故事，我们可以让学生们理解自律对时间管理的重要性。如果没有自律，人就没有办法获得"登顶"的成功。让我们共同努力向自律迈进，不断学习，合理安排时间，克服拖延，朝着自己的目标稳步前行。当我们自律时，我们能够克服内心的惰性和拖延的冲动，集中精力完成任务。通过学习，我们获得知识和技能，提升自己的能力和才华。而合理安排时间，则能帮助我们有效管理日程，避免浪费时间或给自己造成过大的压力。总之，只有通过自律、学习和合理安排时间，我们才能克服拖延，实现自己的目标，追逐自己的梦想。

互动交流 3 建立时间观念

小明是一个活泼好动的男孩，他总是充满了好奇心和探索欲望。然而，他对时间的概念却非常模糊，经常迟到或错过重要的活动。

有一天，小明的爸爸对他说："小明，你知道时间是非常宝贵的吗？我们要合理安排时间，才能更好地完成任务和享受生活。"小明点了点头，表示理解。

然而，小明并没有真正理解时间的重要性。第二天早上，他去学校迟到了。老师对他说："小明，你为什么总是迟到？你需要意识到时间的价值，并且学会守时。"

小明感到很尴尬和难过，他决定要改变自己。他和爸爸商量，制订了一个时间管理计划。他决定每天早上早起，设定闹钟提醒自己起床，并且合理安排每一天的活动。

小明开始遵守计划，每天按时起床并吃好早餐。他开始使用日历和闹钟来提醒自己重要的活动和任务。随着时间的推移，他逐渐建立起时间观念和安排时间的意识。

小明发现，当他合理安排时间，按时完成任务时，他的生活变得更有秩序和效率。他不再迟到，能够更好地参与学校的活动和课程。他也有更多的时间去追求自己的兴趣和爱好。

小明的转变不仅影响了自己，也影响了他的同学。他开始与他们分享时间管理的重要性，并帮助他们建立起时间观念和时间规划意识。整个班级变得更加守时，不再错过重要的活动。

讨论

1. 组织学生进行时间体验活动：在教室的讲台上摆放一只钟，选出一位同学担任"时间使者"，带领全班同学一起感受"珍贵的一分钟"。当"时间使者"宣布开始时，所有同学闭上眼睛，静静地感受钟表的嘀嗒声，一分钟后喊停，请同学们睁开眼睛，说一下对"一分钟"的感受。

2. 播放"珍贵的一分钟"短视频。视频播放完毕后，请同学们举例说明"一分钟"还能做些什么有意义的事情。例如：能跳多少次绳？鼓多少次掌？朗读多少个字？做多少个仰卧起坐等。为了加深同学们对"一分钟"价值的理解，可以让同学们亲自尝试一下。

评析

小学生对时间概念不清晰、缺乏时间意识和正确认知的情况是很常见的。然而，通过教育和引导，他们可以逐渐学会管理和利用时间，建立起良好的时间观念和意识。在这个互动交流活动里，学生不仅亲身感受到了"一分钟"的长度，增加了对时间的感性认识，而且通过视频了解到在社会的科技、经济、文化、生产等领域中一分钟能创造多少价值，拓宽了视野和格局。学生通过举例说明自己在"一分钟"时间内能做的事情，将建立起来的时间观念落实到具体的行动中。这将有助于他们更好地组织自己的生活，追求目标，并取得成功。

互动交流 4 时间管理技巧的学习

小芳是一个聪明而善良的女孩，但她总是在各种活动中慢半拍。无论是上课、做作业还是参加课外活动，她总是落后于其他同学。

小芳的老师和家长对此感到困惑，他们不明白为什么小芳总是慢半拍。他们决定找出原因，帮助小芳解决这个问题。

一天，小芳的老师和她单独进行了谈话。老师问小芳："为什么你总是比其他同学慢一些呢？你有没有注意到这一点？"小芳沉思片刻后回答说："我不确定为什么，我似乎总是需要更多时间来完成任务。"

老师意识到，小芳可能是因为缺乏时间管理技巧而导致慢半拍。她决定给小芳一些建议，帮助小芳改善这种状况。

首先，老师告诉小芳如何制订明确的目标和计划。她鼓励小芳在开始任务之前，花一些时间思考并制订一个清晰的行动计划。这样,小芳就能更好地安排自己的时间并提高效率。

其次,老师告诉小芳如何分配优先级。她告诉小芳要先完成最重要或最紧急的任务,然后再处理其他事项。这样,小芳就能集中精力完成重要的事情,而不会被琐事分散注意力。

最后,老师还鼓励小芳养成良好的时间管理习惯。她建议小芳设定闹钟提醒自己,为任务设定时间限制,并在需要的时候寻求帮助。这样,小芳就能更好地控制时间,不再慢半拍。

小芳采取了这些建议,慢慢地改善了自己的状况。她开始更加有条理地完成任务,不再拖延或错过重要的事情。她变得更加自信和高效,赢得了老师和家长的赞赏。

讨论

1. 指导学生画一张时间计划表。给出 2 个不同形式的表格模板供学生参考。

2. 选学生代表分享自己画的时间计划表。让其他学生用举手的方式对学生展示的时间计划表进行评价。投票选出较好的 1~3 张计划表(可根据分享的学生人数进行调整)并请学生代表说明喜欢该表的原因。

3. 让学生再次修改自己画的时间计划表,定稿后贴在课桌或者课本扉页上,开始按照计划表实施 3 周的时间看看效果。

评析

小学生做事慢半拍,有可能是缺乏对时间的意识和管理时间的方法。在这个互动交流活动里,指导学生自己设计时间计划表,能够有效增强学生掌控时间的意识和能力。学生代表分享自己画的时间计划表,并由学生进行评价,这样的做法一方面激发了学生的参与兴趣,另一方面帮助学生掌握了时间计划表的格式设计及内容编排技巧。最后让学生将修改好的时间计划表贴在明显的位置,有助于学生遵守承诺,坚持履行时间管理计划,更好地组织自己的生活,改变遇事"慢半拍"的现状。

互动交流 5　学会集中注意力

小玲是一个聪明而活泼的女孩,但她在课堂上总是注意力不集中。无论是老师的讲解、同学的提问还是课堂活动,她总是容易分心和走神。

小玲的老师和家长非常关心她的学习情况。他们发现小玲经常在上课时摆弄铅笔、把玩书本或者与同学交谈,而忘记了听讲和专心学习。他们决定找出原因并帮助她改善注意力不集中的问题。

一天，小玲的班主任和她单独进行了谈话。班主任问小玲："为什么你总是注意力不集中呢？你是否意识到这个问题对你的学习有影响？"小玲犹豫了一下，然后回答说："我不知道为什么，我总是觉得无聊，很难集中精力。"

班主任意识到，小玲可能是因为课堂内容缺乏趣味性而导致注意力不集中。她决定与小玲一起探索解决方案。

首先，班主任尝试了不同的教学方法。她利用多媒体展示、小组讨论和实践活动等方式来激发学生的学习兴趣。同时，她也特别关注小玲的学习兴趣和偏好，尽量将课堂内容与她感兴趣的主题相关联。

其次，班主任与小玲的家长合作，共同创建一个良好的学习环境。他们在家里为小玲设置了一个专用的学习角落，远离电视、游戏机和其他分散注意力的娱乐设备。他们还制定了一个规律的作业和学习时间表，让小玲养成良好的学习习惯。

另外，班主任鼓励小玲参加一些能够培养注意力的活动，如音乐、运动或艺术课程。这些活动可以帮助她集中注意力、培养耐心和提高专注力。

小玲努力尝试这些方法，并慢慢改善了自己注意力不集中的问题。她发现当课堂内容有趣并与自己的兴趣相关时，她能够更好地集中注意力。同时，注意力训练和艺术活动也能帮助她培养耐心并提高专注力。

渐渐地，小玲的注意力变得更加集中，她在课堂上能够更好地参与讨论和专心听讲。她的学习成绩有了明显的提高，她对学习的兴趣也逐渐增加。

讨　论

治疗分心的小秘方：将学生均匀分组，每组4~6个人。每个人发3张小贴纸，请学生在每一张小贴纸上写出一个自己认为有效的治疗分心的小秘方。引导学生在小组中分享自己的小秘方，选出小组内有共识的3个小秘方，在班级内进行分享。最后将各小组分享的小秘方进行整理归类，找出班级有共识的3~5个治疗分心的小秘方，贴在教室比较明显的地方，提醒大家上课时集中注意力，提高学习效率。

评　析

对于注意力不集中的小学生来说，课堂的趣味性和兴趣相关性是非常重要的。在这个互动交流活动里，教师鼓励学生自主思考，积极献计献策，广泛收集学生们抵御分心的有效方法，经过总结、归纳、提炼形成有共识的方法论。这种小秘方来源于学生，又指导着学生。通过适当的教学方法、良好的学习环境和培养注意力的技巧，他们可以改善注意力不集中的问题，提高学习效果和兴趣。

扩展习题

1. 请在下面的数字中找出所有的偶数：_____。

    A. 3   B. 5   C. 8   D. 2

    E. 9   F. 6   G. 10

2. 请在下面的字母中找出所有的元音字母：_____。

    A. b   B. a   C. c   D. e

    E. d   F. o   G. f

3. 请在下面的词语中找出所有的动物名称：_____。

    A. 狗   B. 桌子   C. 猫   D. 椅子

    E. 鸟

答案：**CDFG**   **BDF**   **ACE**

1.2 时间不会等待任何人，所以要做时间的主人（适合小学高年级）

在探讨时间这一宝贵资源的价值时，众多名人箴言为我们提供了深刻的启示。我国作家郭沫若说过："时间就是生命，时间就是速度，时间就是力量。"苏联作家高尔基曾说过："时间是最公平合理的，它从不多给谁一分。勤劳者能叫时间留下串串果实，懒惰者时间则留给他们一头白发，两手空空。"美国科学家富兰克林曾说："你热爱生命吗？那么，别浪费时间，因为时间是组成生命的材料。"

我们不能让时间停留，但可以每时每刻做些有意义的事。通过这次班会，希望大家能够更加珍惜时间，科学地利用时间，学会做时间的主人。

> 以下这些名言告诉我们时间的珍贵和短暂性。这些名言对于我们如何对待时间和珍惜当下有什么启示？
>
> （1）"我以为世间最可贵的就是'今'，最易丧失的也是'今'。因为它最容易丧失，所以更觉得它宝贵。"——李大钊
>
> （2）"必须记住我们学习的时间是有限的。时间有限，不只是由于人生短促，更由于人事纷繁。我们应该力求把我们所有的时间用去做最有益的事情。"——斯宾塞
>
> （3）"一个人越知道时间的价值，越倍觉失时的痛苦呀！"——但丁
>
> （4）"逝者如斯夫，不舍昼夜。"——孔子
>
> （5）"人生天地之间，若白驹过隙，忽然而已。"——庄子

互 动 交 流 1　掌握自己的时间

　　小雷时常感到时间过得飞快，总是来不及做完自己想做的事情。有一天，他在图书馆里发现了一本神奇的书，书名叫作《时间之门》。

　　小雷打开书的一页，瞬间，他被吸入了书中的世界。他发现自己置身于一个巨大的钟表中，这里被称为"时间之城"。

　　时间之城的主人是一位聪明而和蔼的老人，他经营着整个时间之城，并且拥有控制时间的魔力。

　　小雷好奇地走向这位时间之城的主人，问道："您是如何管理时间的呢？为什么我总是觉得时间过得太快，无法做完想做的事情？"

　　时间之城的主人微笑着回答："孩子，时间并没有真正飞逝，只是我们自己没有善于安排和利用它罢了。"

　　他继续说道："想要成为时间的主人，你需要学会合理规划和分配时间。每一天，我们每个人都拥有相同的 24 小时，但是我们如何利用这些时间将决定我们的成就。"

　　小雷好奇地问："那该如何合理规划和分配时间呢？"

　　时间之城的主人耐心地解释道："首先，你需要明确你的目标和优先事项。列出你想要完成的任务，并按重要性和紧急性排序。这样一来，你就可以更清楚地了解哪些事情需要首先处理。"

　　他继续说道："其次，学会专注于当下。很多时候，我们被琐碎的事情分散注意力，导致无法高效完成任务。尝试集中精力，在规定的时间内专注地完成一件事。"

　　小雷思考了一会儿，似乎有所领悟。时间之城的主人鼓励他道："孩子，每个人都可以成为时间的主人。只要你掌握了合理规划时间和技巧并能专注于当下，你就能充分利用时间，做到自己想做的事情，使自己的生活变得充实而有意义。"

　　小雷感激地向时间之城的主人道谢，并告别离开了时间之城。他回到现实世界后，开始运用时间之城主人的智慧，学会合理规划时间并专注于当下。

　　从那以后，小雷再也不觉得时间匆忙，他能按时完成手头的任务，并且有时间发展自己的兴趣爱好。他明白了，时间并非主宰他的敌人，而是他成长路上最亲密的伙伴之一。

　　小雷告诉身边的人们这个有关时间管理的故事，希望大家能够像他一样学会做时间的主人，用好每一分每一秒，过上充实而有意义的生活。

讨 论

　　1. 将学生 4~6 人分成一个小组，在小组内讨论"谁偷走了我的时间"。学生可以用前一天的学习和生活经历，思考一下：哪些时间做了与学习、锻炼身体等无关的事情？

哪些时间甚至想不起来做什么了？记录下来并在小组内分享，看看是否有同学和自己一样。

2. 每个小组推荐一名同学分享本小组讨论的结果，将各小组列出来的"偷走时间"的事件进行集中归纳，选出前 3 项最浪费时间的事件，写在黑板上。

3. 鼓励同学们针对这 3 项最浪费时间的事件，想出对策和方法，逐一写在黑板上。

4. 将学生贡献的好点子进行整理归纳，形成具体的、简单易行的、高效利用时间的策略和方法，用板报或宣传栏的形式广而告之。

评 析

时间是无法被改变和停止的，它会按照一定的规律不断流逝。每个人都需要意识到时间的重要性，并且主动掌握好自己的时间，而不是被时间所牵制。在这个互动交流活动里，学生深刻地理解了时间稍纵即逝的特性。知道如果不珍惜的话，很多时间就会被不知不觉地"偷走"，连自己也不知道时间是如何荒废的。学生明白了时间如流水般易逝的道理。讨论环节激发了学生丰富的创造力，想出了很多切实可行的珍惜时间的方法，能够有效促进学生行动上的改变。

扩展习题

1. 以下哪项是一个好的时间管理原则？（　　　）

    A. 一次只做一件事情　　　　　　　B. 每天随心情安排活动

    C. 尽量延迟完成任务　　　　　　　D. 不做计划，顺其自然

2. 下列哪个活动不适合在课间休息时进行？（　　　）

    A. 看电视或玩电子游戏　　　　　　B. 进行简短的伸展运动

    C. 阅读书籍或杂志　　　　　　　　D. 和朋友聊天或玩耍

3. 小红想要充分利用每天的时间，她总结了几个时间管理的方法。下列不符合科学时间管理原则的是（　　　）。

    A. 制定每天的任务列表　　　　　　B. 安排适当的休息时间

    C. 拖延处理重要事务　　　　　　　D. 合理规划学习和娱乐时间

    答案：**A　A　C**

互动交流 2　学会节约时间

爱迪生是一名美国的发明家和商人，他年轻时在一家报社工作，同时利用自己的空余时间进行科学实验。他最早的成功是改进了电话机的品质，这使他在学界崭露头角。他随后创立了自己的实验室，并致力于解决与电力相关的问题。

有一天，爱迪生正在实验室里工作，他递给助手一个没上灯口的空玻璃灯泡，说："你量量灯泡的容量。"说完，他又低头工作了。

过了一段时间，爱迪生问："灯泡的容量是多少？"他没听见回答，转头看见助手拿着软尺在测量灯泡的周长、斜度，并拿了测得的数据伏在桌上计算。

爱迪生说："时间，时间，怎么浪费那么多的时间呢？"爱迪生走过来，拿起那个空灯泡，向里面斟满了水，交给助手，说："把里面的水倒在量杯里。马上告诉我它的容量。"

助手立刻读出了数字，爱迪生说："这是多么容易的测量方法啊，它又准确，又节省时间，你怎么想不到呢？花这么长时间去计算，岂不是白白地浪费时间吗？"助手的脸红了。

爱迪生曾经说过："天才就是1%的灵感加上99%的汗水。"这99%的汗水，正是他对时间毫不懈怠的把握与投入。当爱迪生全身心投入于研究新型电灯丝材料时，他几乎每天都是在实验室里度过的，几乎忘却了睡眠与休息。他的助手，目睹了他如此艰辛的付出，不禁劝他稍作休息，但爱迪生却以微笑回应："时间就是金钱，我可不想浪费它。"他继续埋首于实验，尝试了各种可能的材料，寻找着那最理想的电灯丝。尽管遭遇了无数次的失败，但他从未放弃，始终坚信着成功的可能。最终，他的努力得到了回报，他找到了合适的材料，成功发明了耐用且高效的电灯丝。

这一伟大发明不仅改变了人们的生活方式，让夜晚不再黑暗，更是对爱迪生珍惜时间、不懈努力的最好证明。他的事迹告诉我们，时间虽然有限，但只要我们愿意投入、愿意努力，我们的潜力就是无限的。

讨 论

1. 请学生围绕爱迪生的故事进行头脑风暴，讨论珍惜时间的方法都有什么？自己尝试过哪些方法？哪种方法是最有效的？

2. 给每位学生发一张A4纸，上面画着一个圆，等分成24小时（见图1.2.1）。请学生详细回忆一下过去的24小时，用彩色笔记录一下各时间段的重要事件。在小组内展示并分享感受，重点介绍哪些时间是被高效利用的，哪些时间是可以压缩的，哪些时间想不起来做了什么。

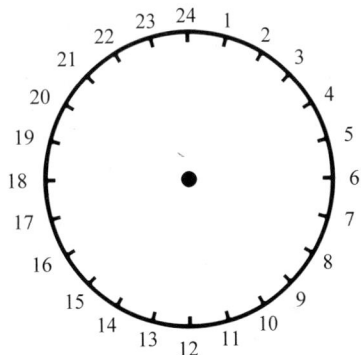

图1.2.1

评 析

有时候我们会发现自己在电子设备上花费太多时间，没有计划和组织能力，总是拖延任务，无法集中注意力，也没有明确的学习目标和动力，作息时间也不规律。这些问题导致了我们浪费时间，任务完成效率低下，并且感觉学习没有动力。在本次互动交流活动中，同学们通过学习爱迪生珍惜时间、勤奋工作的故事，激发对人生价值的追求，见贤思齐，树立远大的目标，产生内在的拼搏动力；通过绘制时间饼图，反思自己在时间管理上的问题，找到提高时间效率的关键环节，为下一步的改进行动校准了方向。我们需要学会管理时间，制订计划来合理安排学习和娱乐的时间。我们要设定明确的学习目标，并给自己一些奖励来增加动力。同时，要注意提高自己集中注意力的能力，避免被外界干扰。还要保持规律的作息时间，早睡早起，保证有足够的精力来学习。通过这样的努力，我们可以更好地利用时间，提高学习效率，增强动力，取得更好的学习成绩。

扩展习题

1. 王华每次都喜欢拖延写作业的时间，导致最后要匆忙完成。为了避免拖延，他应该怎么做？（　　）

    A. 每次都等到最后一刻才开始写作业

    B. 每天都制订一个写作业的计划

    C. 把作业留到周末再完成

    D. 请其他同学帮忙完成作业

2. 张红经常在做作业时分心，注意力难以集中。为了提高学习效率，她应该怎么做？（　　）

    A. 一边听歌一边做作业　　　　B. 在没有嘈杂声音的环境下做作业

    C. 边做作业边和同学聊天　　　D. 边看电视边做作业

3. 李娅每天花很多时间在电视上看明星真人秀节目，而忽略了学习和锻炼身体。她应该如何更好地利用时间呢？（　　）

    A. 每天设定一个固定的学习和锻炼时间，不受电视的干扰

    B. 一边看电视一边学习和锻炼

    C. 放弃学习和锻炼，全身心投入电视节目中

    D. 不再看电视，只专注于学习和锻炼

答案：B　B　A

互动交流 3　浪费时间的后果

树林里迎来了新一天的日出，乌鸦兴高采烈地飞到喜鹊家门口，大声喊道："喜鹊姐姐，快起床啦！我们一起去找食物吧！"

被乌鸦吵醒的喜鹊有些不耐烦地回答："我还没休息够呢,我想再睡会儿,请别打扰我。"

见喜鹊还没醒来,乌鸦继续大声说道:"喜鹊姐姐,快点起来吧!一日之计在于晨,我们应该利用这美好的早晨去寻找食物,这样一整天才会有吃的啊!"

"我已经说过了,我还没休息够呢。等我睡够了,自然会去找食物的。你先去吧!我想再睡一会儿……"喜鹊说完,又回到梦中去了。乌鸦只好自己去寻找食物。

夕阳西下,乌鸦捕到了很多食物,经过喜鹊家门口时,发现喜鹊虽然醒着,但还在床上发呆。乌鸦说道:"喜鹊姐姐,你醒了吗?如果你不出去找食物,晚上你要吃什么呢?"

"不去,不去。我的食物还够吃,明天再去找食物。"

听完喜鹊的回答,乌鸦只好回到自己的家。第二天早上乌鸦又来敲喜鹊的门,想和它一起去找食物。然而,喜鹊依然回答说:"我的食物还足够,我明天再去找食物。"

不久之后,雨季到来了。在这种天气里,很难找到食物。乌鸦选择待在家里,享受几天前找到的食物。中午的时候喜鹊来到乌鸦的家中,想让乌鸦分点食物给它。原来喜鹊的食物吃完了,本来打算今天去找食物,可是遇上了大雨,所以饥饿不堪的喜鹊不得不向乌鸦求助。

讨论

1. 将学生4~6人分成一个小组,在小组内续写《乌鸦与喜鹊》的剧本,描述喜鹊向乌鸦求助的场景以及第二天可能发生的场景。之后由两位同学分别扮演乌鸦和喜鹊,在全班同学面前进行话剧表演。可以设定各种情景和结局。每个小组表演结束后,可以由班级同学进行评价,选出最佳演员和最佳剧本。

2. 每个学生写出300字的观后感,题目是《如果我是喜鹊》,教师选择优秀作品张贴在班级宣传栏内,让同学们欣赏和学习,以兹鼓励。

评析

喜鹊因为喜欢睡懒觉而错过了捕食的机会,结果在雨季来临时没有食物吃。乌鸦则因为每天早起去捕食,得到了很多食物,可以平安度过雨季。在这次互动交流活动中,同学们通过乌鸦与喜鹊的故事充分认识到:我们要珍惜时间,不要拖延任务或重要的事情。同时,我们要提前预见可能的困难,做好准备。还要相互帮助,因为在困难时,互相支持是很重要的。只有这样,我们才能面对挑战,取得成功。所以,我们应合理利用时间,及时行动,做好准备,互相帮助,成为更优秀的自己!

1.3 把时间分配给最重要的事情（适合初中生）

我们都知道，时间是非常宝贵的资源，对每个人来说都是平等的。但是当我们面对众多任务和事情时，常常会感到时间不够用。因此，学会把时间分配给最重要的事情就变得尤为关键。

首先，我们需要明确自己的目标和优先级。我们可以列一个待办事项清单，把所有需要完成的任务都写下来。然后评估每个任务的重要程度和紧急程度，确定每个任务的优先级。

其次，我们要学会合理安排时间。制作一个时间表或日程表，将每个任务按照优先级安排到不同的时间段里。当然，我们也要留出一些弹性时间，以应对可能出现的意外情况。

最后，我们还需要保持积极的心态和良好的习惯。学会拒绝一些不重要的事情或者诱惑，避免浪费时间。同时，保持健康的生活方式，包括良好的睡眠、饮食和运动习惯，可以提高我们的精力和注意力。

1. 时间管理矩阵

史蒂芬·柯维的"时间管理矩阵"（见图 1.3.1）也被称为艾森豪威尔法则。这个矩阵可以帮助我们有效地分类和安排任务。这个矩阵将任务分成了 4 个象限，用这些象限来确定任务的优先顺序。这种方法允许我们根据任务的紧急性和重要性对其进行排序。根据任务所在的象限，我们可以决定是否需要立即处理这件事情。

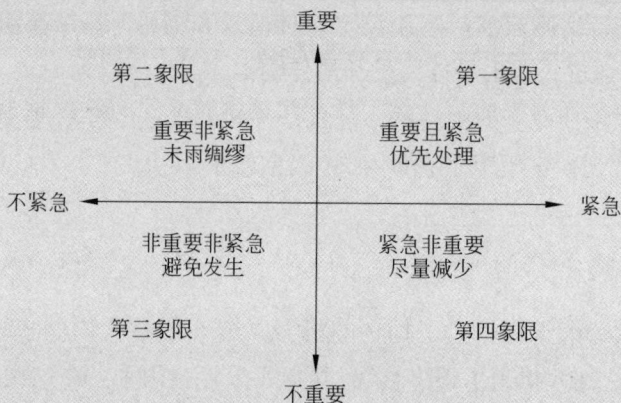

图 1.3.1 时间管理矩阵

重要任务是指那些对于实现个人目标具有直接帮助的任务，而紧急任务则是需要立即处理的任务。尽管紧急任务可能与实现自己的目标无关，但如果不及时处理，可能会导致不良后果。

2. 帕累托法则

帕累托法则指出，80% 的结果往往来自 20% 的行为。这意味着我们所做的大部分事情对于实现长期目标的贡献非常有限。实际上，我们可能会将大量的时间和精力浪费在那些对我们目标影响微小甚至没有意义的事情上。

对于初中生来讲，这个原则可以引申为：通过合理安排时间、学习方法和资源的分配，学生可以在相同的时间内获得更高的学习效果或者在相同的学习效果下节省更多的时间。例如，假设一个学生每天只有有限的时间来学习，按照帕累托法则，他应该优先选择那些对提高学习效果最有帮助的活动。比如，制订合理的学习计划，重点复习重要知识，使用适合自己的学习方法等，这些都可以根据帕累托法则进行选择。同时，他也需要避免那些对学习效果没有明显帮助甚至有负面影响的活动，如浪费时间在手机游戏上、不专心听讲等。

互 动 交 流 ① 时间管理的意义

老师要和大家进行一个互动小游戏，桌子上摆了 4 样物品：瓶子、石块、鹅卵石和沙子。如何让这个瓶子最大容量地装载东西呢？有的同学会只装沙子，认为只有这样才能让整个瓶子不留一点空隙，达到瓶子的最大承载量。也有同学先放石块，然后再放鹅卵石，最后再装细小的沙子。这样，瓶子的承载量比先前的要大。

讨 论

引导学生思考并讨论：

在这个游戏中，容器象征着什么？沙子象征着什么？石块象征着什么？鹅卵石象征着什么？这个游戏又说明了什么？

评 析

这个游戏在现实生活中反映了时间管理的重要性。瓶子代表一天要做的事，石块代表一天中要处理的头等大事，鹅卵石代表重要的事情，沙子代表琐碎的小事。如果我们让沙子之类的琐碎小事充斥一天的工作和学习，那么这些活动将会变得异常琐碎，让人倍感疲惫，最终忙碌一场却收获甚微，甚至劳而无功。

互 动 交 流 ② 琐事的处理方法

从前有一位农夫，早上起来告诉妻子他要去耕地。他来到要耕种的地方时，发现耕地机需要加油了，于是他决定先去加油站。

在路上，农夫突然记起自己走得太匆忙，忘了给家里的 5 头猪喂食了。虽然机器没油只是无法工作，但是如果猪没有按时被喂食，它们会饿瘦。因此农夫决定先回家给猪喂食。

在回家的路上，他经过仓库时，发现还有几个土豆，这让他想起种植在地里的土豆可能已经发芽了，所以他觉得应该先去看看。农夫朝着自家的土豆地走去，在半路上，他看到了几块木柴，这让他突然想起妻子几天前提醒他家里木柴不多了，需要搬些回去。

当他靠近木柴堆时，意外地发现一只鸡躺在那里，他认出是自家的鸡。原来这只鸡的腿受伤了……

就这样，农夫从早到晚一直忙碌着，晕头转向。当他晚上回到家时才意识到猪没喂饱，机器没加油，最重要的是地也没耕种。

讨 论

引导学生思考并讨论：

1. 请每位学生将农夫需要做的事情，按照自己的分类原则填到时间管理矩阵中。并且与旁边的同学相互分享一下，看看你们两个人对事情的分类有什么相同和不同之处，为什么？

2. 请学生为农夫制作一份工作计划，让农夫能够高效率地完成应该做的事情。

3. 请学生分组讨论如何能够有效地处理多个小事。

评 析

生活中，我们常常会像故事里的农夫一样，因为一些琐事而忽略了最初的目标，把主要精力耗费在了一些随时发生的事情上，遇到什么事情就去做什么事情，终日漫无目的地忙碌，却毫无效率可言。通过本次交流互动活动，同学们认识到分清事情的轻重缓急是非常重要的。要学会使用时间管理矩阵对需要处理的问题进行分类，再按照不同的原则分别进行处理，避免"胡子眉毛一把抓"。要学会支配工作，而不能被各种杂乱的工作所左右。对于一些无关紧要的事，可以放在一起，安排一个固定的时间集中去处理，把宝贵的时间用在最重要的事情上。

扩 展 习 题

1. 下列行为最合理的是（　　　）。

A. 每天花大部分时间玩游戏

B. 在完成作业前先看一小时电视

C. 制订学习计划，按计划完成重要的学习任务

D. 花大部分时间与朋友聊天

2. 在进行时间管理时，以下哪项做法是不明智的？（　　　）

　　A. 设定优先级，先完成重要的任务

　　B. 分解大任务，逐步完成

　　C. 将自己的时间平均分配在每个事情上

　　D. 利用碎片化时间完成小任务

3. 下列选项中，符合时间管理矩阵中"重要且紧急"的是（　　　）。

　　A. 完成明天需要交的作业　　　　　B. 参加学校社团活动或俱乐部

　　C. 看电视或玩手机游戏　　　　　　D. 进行户外运动或参加健身活动

4. 帕累托法则旨在说明什么问题？（　　　）

　　A. 个人抱怨和不满　　　　　　　　B. 资源分配不均衡

　　C. 历史事件的影响　　　　　　　　D. 政府政策分析

答案：C　C　A　B

互动交流 3　高效的工作清单

杰克·威尔许是奇异公司前总裁，通过卓越的领导能力带领公司迈向成功。许多人对威尔许的成功感到好奇，想知道是他的超群智慧还是机遇造就了他的成功。然而，答案可能令人失望，威尔许的成功源于他对时间的有效管理。

威尔许有一个习惯，他每天上班的第一件事就是查看自己的工作清单，并根据工作内容的重要程度来安排时间。他认为会议对公司来说相当重要，所以将 35% 的时间用于会议安排；拜访客户是拓宽公司业务的重要事项，于是威尔许将自己 20% 的时间用来跟客户沟通；其他小事相对而言不太重要，所以他将剩余的时间用于处理这些琐碎事件。每天的工作清单并不相同，但威尔许总是按照事情的轻重缓急来计划完成的时间和顺序。

他的这种做法不仅为自己赢得了更多时间，而且成为员工效仿的工作模式。这种高效的时间管理方式不仅创造了更高的工作效率，更创造了公司的效益。

讨论

引导学生制作学习清单：

1. 请学生认真阅读"威尔许的工作清单"（见表 1.3.1），按照工作内容的重要性进行时间比例分配。

2. 将学生 4~6 人分成一个小组，在小组内讨论各自的分配比例，达成一致后形成小组的意见，并且说明分配的理由。

3. 每个小组派出一名同学在班级内分享小组的时间分配比例，并且说明理由。在老师的指导下，对"威尔许的工作清单"时间分配比例逐步达成共识。

4. 请学生将"威尔许的工作清单"内容替换成自己一周内的学习任务，并且按照重要性进行时间分配，见表 1.3.2。明确哪些是下一周最重要的学习任务。

表 1.3.1　威尔许的工作清单

序号	工 作 内 容	时间比例
1	负责与合作伙伴进行商务洽谈，达成合作意向，并草拟、审阅、签订商务合同	
2	定期进行市场调研，收集行业信息，分析竞争对手动态，为企业战略制定提供依据	
3	建立并维护良好的客户关系网络，定期回访客户，了解客户需求，拓展新的业务机会	
4	跟踪销售业绩，分析销售数据，提出改进建议，协助销售团队提升业绩	
5	加强与企业内部各部门的沟通与协作，推动跨部门项目顺利进行	
6	学习商务礼仪知识，提升个人形象与气质，代表企业出席各类商务活动	
合　计		100%

表 1.3.2　我的一周学习清单

序号	学 习 内 容	时间比例
1		
2		
3		
4		
5		
6		
7		
8		
9		
10		

评　析

通过这次互动交流活动，同学们充分了解了工作清单的结构和使用方法。学会在做事之前列出目标清单，并且按照清单上的项目来执行，可以帮助我们在最大程度上抓住时间的脉搏，把握自己的未来。每个人的目标清单都不一样，但无论做什么，在制定目标清单的时候，切忌好高骛远，要尽量符合实际，在力所能及的范围内，能够具体落实。"预则立，不预则废"，同学们掌握了时间管理的方法，有助于提高时间使用效率，将最宝贵的时间花在最重要的事情上。

扩展习题

1. 制定目标清单的最主要目的是（　　　）。

　　A. 锻炼思维能力　　　　　　　　B. 增强自我管理能力

　　C. 提高学习成绩　　　　　　　　D. 提升社交技巧

2. 制定目标清单时，以下哪项是重要的原则？（　　　）

　　A. 设定个数越多越好　　　　　　B. 不需要考虑目标是否能实现

　　C. 目标必须是具体的和可衡量的　D. 不需要考虑时间限制

答案：**B　C**

互动交流 4　做出更好的规划

很久以前，有一位县令，他勤勉敬业，每天都要处理许多公务。长时间的忙碌使他感到疲惫不堪，情绪也变得暴躁。他的家人和下属都非常担心他，以为他生了大病。

有一天，县令外出游历时，偶然发现了山上一座寺庙。于是他决定去向寺庙里的禅师请教。当他向禅师说明了自己的困境后，禅师给了他一个很好的建议："作为县令，并没有必要所有事情都亲力亲为。您可以将身上的工作分担给下属，让他们去做一些工作。那些必须由您亲自完成的事情，您可以每天早晨列一个清单，按照重要程度给各个事项编上号码。将最重要的事情放在第一位，然后逐个处理。即使您花费了整天的时间来完成第一项工作，也无妨，只要它是最重要的事情，就要坚持做下去。"

经过一段时间，县令的工作情况有了显著的改善。他有条不紊地治理县城，整个县城的治安得到了稳定，百姓们开始过上更加幸福的生活。

讨论

1. 将学生 4~6 人分成一组，每个小组按照上面的故事编写一个小剧本，分成 3 个角色：县令、下属（可以多个）、禅师，按照自己的理解编写剧情和台词，排演后在班级进行展演。由老师和同学一起投票，选出最佳剧本、最佳角色，并给予适当的奖励。

2. 让学生以《假如我是县令》为题目，写一篇 300~500 字的观后感。优秀的作品可以在宣传栏内展示。

评析

本次活动用一个故事做"引子"，鼓励学生发挥创造力编写剧本并展演，使学生深刻认识到看似忙碌的人事先并没有做很好的思考，没有一个良好的规划。县令曾经办事总是贪求数量，总想在短时间里多完成几件事。这种只顾追求效率，而忽视了事情的轻重缓急的做法，导致他最后不但没有按时完成要做的事情，反而还降低了自己的办事效率和品质，造成本末倒置、一事无成的局面。同学们通过撰写观后感，可以将认知上的变化和提升落实到具体的行动上，提醒自己做事的时候，一定要经过认真的思考，弄清什么事是最重要的，考虑好自己的行动步骤再执行。只有这样才能达到事半功倍的效果。

扩展习题

1. 我们在做事之前应该做什么？（　　）

    A. 考虑事情的轻重缓急   B. 关注数量而非质量

    C. 不需要认真思考，只需执行   D. 首先追求效率

2. 如果一个人只关注效率而忽视了事情的轻重缓急，会导致什么结果？（　　）

    A. 品质和效率都会降低   B. 事情会比预定时间更早完成

    C. 可以同时完成多件事情   D. 最重要的事可能无法按时完成

答案：**A　D**

1.4　拖延是自我管理的敌人（适合初中生）

我们这次的班会主题是关于拖延的。拖延是我们在生活中都会遇到的问题，而它也同时是我们自我管理能力的一大挑战。那么，什么是拖延呢？为什么它会成为我们的敌人呢？

拖延就是潘多拉的魔法盒，一旦打开，可能就会把我们推向无底深渊。生活中，我们常常对自己许下各式各样的愿望：等我完成作业之后，就可以玩游戏了；等我改掉拖延的坏习惯，我就能更好地利用时间；等我开始行动，我就能取得更多的成就……但是，拖延却会让我们离目标越来越远，让我们感到越来越无望。对于初中生来说，拖延可能会导致学业上的困扰。如果我们习惯性地推迟做作业，我们将很难跟上课程进度，并且可能会因此在考试中表现不佳。此外，拖延还可能使我们错过宝贵的学习机会和探索新知识的机会。

社会学家库尔特·卢因曾经提出一个叫"力场分析"的概念。在这个概念中，他描述了阻力和动力两种力量。他认为，有些人一生都踩着刹车前进，比如被拖延、害怕和消极的想法捆住手脚；有的人则是一路踩着油门呼啸前进，比如始终保持积极、合理和自信的心态。这一分析具有普遍意义。如果你希望你的人生得到改变，你得把脚从刹车踏板上，即从拖延上挪开。比尔·盖茨曾说过："过去，只有适者能够生存；今天，只有最快处理完事务的人能够生存。"同时，帕金森定律也指出，低效率的工作会占满所有的时间。

请同学们分享学习中存在哪些低效率的行为或习惯，你打算如何改善它们。请同学们谈谈为什么比尔·盖茨说只有最快处理完事务的人才能生存？

互 动 交 流 1

在一个小镇上，有一个博览群书的教授和一个文化程度不高的商人偶然成了邻居。尽管他们的社会地位和家庭背景有着天壤之别，但他们却有着一个共同的目标：成为富人。教授每天都以自己的学识和智慧为傲，总是跷着二郎腿大谈特谈自己致富的想法，而商人则虚心地坐在一旁认真倾听。

商人对教授的学识和智慧深感敬佩，他从教授的言谈中汲取灵感，并开始按照教授所说的致富设想付诸实践。他虽然没有受过高等教育，但他拥有坚忍的意志和勤奋的态度。他努力学习各种技能，不断尝试不同的商业机会，始终保持着对成功的渴望。

经过十几年的努力，商人终于实现了他的梦想，成为一个大富翁。他通过勤奋努力和不断学习，成功地开创了自己的事业，积累了巨额财富。然而，与此同时，教授却仍然停留在空谈的阶段。他虽然拥有丰富的知识和理论，但却没有将其转化为实际行动。他沉迷于自己的学识和思考，却忽视了实践的重要性，最终错过了实现自己目标的机会。

讨 论

1. 请学生从教授和商人两个角色中任选一个，之后从各自扮演角色的视角出发，以《教授 / 商人我想对你说》为题目给对方写一封 300~500 字的信，告诉对方自己的心里话。

2. 将扮演相同角色的学生汇集在一起，在组内分享每个人写信的内容，并选出 1~2 篇有代表性的信件，在班级内进行朗读。让扮演对方角色的同学听后发表意见和建议。

评 析

布莱克说："成功是一把梯子，双手插在口袋里的人是爬不上去的。"每个人都怀揣着理想，这些理想激发了我们对生活的热情。当我们面临考验时，理想给予我们勇敢面对的力量。然而，我们必须把理想作为起点，并采取行动来实现它。通过这次的写信体验活动，同学们认真总结成功的经验和失败的教训，提高对有效行动的重视，反思自己在学习和生活中有哪些不良后果是拖延造成的。知道在今后的日子里要努力弥补和改进，明白亡羊补牢，为时不晚的道理。

互动交流 2　什么是拖延

在某大学任教的克劳斯教授进行了一项实验,他想了解不同的时间管理方法对学生的论文成绩有何影响。他将被试者分成了 3 个班级:A 班、B 班和 C 班。

克劳斯教授要求所有被试者在 3 周内完成 3 篇论文,并告诉他们如果过期不交将被视为 0 分。然而,他给予不同班级的学生不同的要求。

对 A 班的同学,克劳斯教授说他们可以在第 3 周的最后一天一次性上交 3 篇论文。这意味着他们可以在 3 周内任意安排时间来完成论文。

对 B 班的同学,克劳斯教授要求他们提前安排好每篇论文的上交时间,并按照自己的计划逐篇上交。

而对 C 班的同学,克劳斯教授告诉他们每个周末都要上交一篇论文,这意味着他们需要每周都完成一篇。

当所有论文都上交完毕后,克劳斯教授对论文进行评分,并比较了 3 个班级的成绩。令人惊讶的是,C 班的论文成绩最好,B 班次之,而 A 班的论文成绩最差。

根据以上实验中 3 个班的被试者论文所得分数情况,克劳斯教授得出下列结论:拖延会影响任务完成的质量。一般情况下,到最后时累积的任务量越多,任务完成的质量也就会越差。

讨论

1. 将学生平均分成 4 组,其中 1、2、3 小组分别代表 A、B、C 3 个班级的学生,领到不同期限的论文写作任务,按照自己的习惯制订论文写作计划。第 4 组的同学作为采访者,两两一组分别采访 A、B、C 组的 3 个同学,对他们制订的计划进行比较,发现异同之处,总结提炼后在班级内分享。

2. 由第 4 组担任采访者的学生讨论推荐 3~5 名计划完成得好的同学,对他们给予表彰,颁发小奖品以兹鼓励。

评析

通过这次互动交流活动,同学们设身处地地感受到了制订任务计划要注意的各种细节问题。他们通过分享、对比、观察,找到自己与他人的差距,并深刻认识到如果没有一个合理的计划将任务进行分解,逐步实施,将会影响整体任务的完成效果。因此,要想按计划完成任务,很可能需要与拖延心理进行斗争。只有克服了拖延,才能有坚定的毅力按计划行事,更好地完成任务。

扩 展 习 题

1. 小雨有一项英语演讲任务，她很重视并且想要认真地准备。以下哪种做法可以确保她的演讲质量？（　　）

　　A. 从老师推荐的参考网站上查找演讲素材并一字不落地背诵

　　B. 忽略一些相关内容，主要关注流利的发音和肢体语言

　　C. 将演讲稿提前写好，并给同学或家人阅读，收集建议和改进意见

　　D. 完全依赖记忆，在演讲过程中即兴发挥

2. 小李被要求在两个星期内完成一份科学实验报告，以下哪种做法可以确保他准时完成，并保证质量较高？（　　）

　　A. 召集一些朋友一起完成实验报告，以节省时间

　　B. 抄袭以前的实验报告，稍作修改

　　C. 写一份简短的报告，大致介绍一下主要观点

　　D. 按每天的计划分解任务，每天都做一小部分

答案：**C　D**

互 动 交 流 3　**工作与生活**

曼利·史威兹是一名保险业务员，他有两大爱好——钓鱼和打猎。他热衷于带着自己的钓竿和猎枪走进森林深处，有时甚至会在那里待上好几天。尽管在森林里他会变得脏兮兮、疲惫不堪，但回到家后，他却感到无比快乐和满足。钓鱼和打猎占据了曼利很多时间，每次他离开宿营的湖边，准备投身于保险业务工作时，他总是感到无尽的留恋。在大自然中自由自在地漫游的感觉是如此美好，他实在不愿意将自己从这个美妙的体验中抽离出来。

突然，一个想法在他的脑海中闪现：那些在荒野中宿营和打猎的人也需要购买保险。他意识到，有很多人喜欢在森林中探险，这是一个巨大的潜在市场。如果他能抓住这个机会，他完全可以在打猎的同时工作。阿拉斯加公司的员工、居住在铁路沿线的猎人和矿工都有可能成为他未来的客户。

曼利决定立即行动。他在制订好计划后，没有浪费任何时间，立刻启程前往阿拉斯加，并沿着铁路线步行，与沿线居民广泛接触。人们对他的热情欢迎使他获得了"步行的曼利"的称号。

曼利深受潜在客户的欢迎。他经常被邀请到他们家中做客，与他们建立了良好的关系。这种亲密的接触使他能够更好地了解他们的需求，并提供适合他们的保险产品。

一年过去了，曼利签下了大量的保单，销售业绩节节攀升，他获得了可观的收入。

与此同时，他仍然可以继续在森林中钓鱼、打猎，实现工作和生活的完美平衡。他过上了令人羡慕的美好生活。

讨论

1. 将学生分成4~6人的小组，每个小组以"步行者曼利的一天"为主题，为曼利制定一张工作生活时间表，结合故事提供的线索，完善表1.4.1中的内容。

2. 以小组为单位分享制定好的时间表，并说明制定的理由和思路。经过讨论，评选出最佳的时间表，给予制定这张时间表的小组全体成员以奖励。

表 1.4.1　步行者曼利的一天

起止时间	活动内容	活动地点	接触人员	所需物品

评析

通过本次互动交流，同学们掌握了设计学习生活时间表的技能，能够按照一定的原则来兼顾学习和生活。同时通过相互交流和分享，取长补短，见贤思齐。同学们能够深刻领会到无论我们追求什么，总是要付出成本的。计划再完美，如果迟迟不去行动，只会颗粒无收。与其临渊羡鱼，不如退而结网，不要羡慕别人，也不要将希望寄托于虚无缥缈的明天。从今天起，从此刻起，只要下定了决心，就马上去行动，别让拖延成为滋生恐惧心理的温床。

互动交流 4　未雨绸缪，防患未然

巴西被认为是一个时间观念较弱的国家，巴西戴手表的人相对较少，就算戴着手表，也不太守时。

一个叫史蒂芬的美国人要跟巴西一家飞机制造公司签约，由于巴西的汽车拥有率较低，他只能乘坐公交车前往。史蒂芬提前了15分钟到达车站，但巴士司机却在半路上丢下了车，不知所踪，这让史蒂芬非常着急。因为这家公司的总裁要乘飞机前往印

度考察，已经和史蒂芬约好了，让史蒂芬在9点前赶到。如果史蒂芬不能按时到达，这笔价值一亿多美元的生意可能就泡汤了。

史蒂芬几次想下去找那个巴士司机，但他不知道司机去了哪里。他只好坐在车上等待。大约过了20分钟，巴士司机悠闲地出现了，边走边吃着他的最后一口三明治，对乘客说了一句："谢谢大家等我。"然后他才开车上路。

然而，当史蒂芬赶到那家公司时，公司里的人告诉他，因为总裁急着赶飞机去印度考察，所以实在无法等他了。公司里的人说等总裁回来再与史蒂芬商讨。史蒂芬感到非常失望，因为这意味着他们之间的商业交易可能要推迟了。

当史蒂芬一个星期后又来到这家公司时，他的心里非常忐忑不安，不知道该如何向总裁解释并尽力促成这个交易。

讨论

1. 选择两位同学到讲台前进行角色扮演。一人扮演史蒂芬，一人扮演总裁。按照故事中提供的线索继续进行对话交流。

2. 角色扮演结束后，请其他同学发表自己的意见和建议。再帮助史蒂芬出谋划策，尽量想出一些弥补的措施。

3. 每位同学写出300~500字的观后感，以《假如我是史蒂芬》为题目，重新设计当天的工作行程安排，减少意外事件的发生，确保严格守时，保住达成交易的机会。

评析

通过本次互动交流活动，同学们深刻认识到未雨绸缪、防患未然的重要性。想告别拖延症、提升执行力，如果没有合理地安排时间，只是盲目地追求自己的目标，最终可能会陷入拖延的沼泽地，难以摆脱。因此在制订行动计划时，一定要做好充分的准备，尽量避免意外事件的发生，以免影响整个工作进程。

扩展习题

1. 下列哪种行为最可能是拖延症的表现？（　　）
  A. 提前完成作业　　　　　　　　B. 在规定时间内按时完成任务
  C. 整理学习桌和书包　　　　　　D. 将任务推迟到最后一刻才开始处理
2. 下列哪种策略最有助于克服拖延症？（　　）
  A. 不断告诉自己"明天再做"　　　B. 每天设立小目标并奖励自己
  C. 不与他人分享自己的困难　　　D. 对失败感到沮丧并放弃
3. 对于拥有拖延症的学生来说，以下哪个行为最重要？（　　）

A. 设定目标和制订计划　　　　B. 分享任务给其他同学完成
C. 放弃追求成功的机会　　　　D. 尽情玩乐

答案：**D　B　A**

1.5　计划是成功的蓝图（适合高中生）

计划是我们实现目标、取得成功的关键之一。无论是完成学业、追求梦想、建立人际关系，抑或是充实自己的日常生活，一个好的计划总是能够为我们提供清晰的蓝图，引领前进的方向。

那么，为什么制订计划如此重要呢？首先，计划可以帮助我们明确目标，并且让我们有意识地朝着这些目标努力。当我们有了一个明确的方向时，我们就能更加专注、坚定地前进。

其次，计划可以帮助我们规划时间和资源。在高中生活中，我们面临着不同的学习任务、承受着课业压力，并参与着其他活动。一个好的计划能够帮助我们合理安排时间，合理利用资源，从而提高效率，减轻压力。

最后，计划也是我们掌握自己生活的主动权的重要工具。通过制订计划，我们可以更好地管理自己的时间、情绪和能量，从而更好地掌控自己的生活，实现自己的目标。

在本节的班会中，将与大家分享一些关于制订成功计划的方法和技巧，并通过案例与大家一起探讨如何有效地利用计划来实现自己的目标。希望这次班会能够为大家提供一些建设性的帮助，让我们携手共同迈向成功的蓝图！

1. 马克思曾说过："蜘蛛的活动与织工的活动相似，蜜蜂建筑蜂房的本领使人间的许多建筑师感到惭愧。但是，最蹩脚的建筑师从一开始就比最灵巧的蜜蜂高明的地方，是他在用蜂蜡建筑蜂房以前，已经在自己的头脑中把它建成了。"法国军事家拿破仑也曾说过："凡事都要有统一和决断，因此成功不站在自信的一方，而站在有计划的一方。"

了解计划的特点是制订计划的关键。图 1.5.1 为计划的特性，图 1.5.2 为制订计划的步骤。

2. PDCA 循环法

"PDCA 循环法"是由美国质量管理专家沃特·阿曼德·休哈特首先提出的，后来被威廉·爱德华兹·戴明于 20 世纪 50 年代重新挖掘并推广，因此也被称为"戴明环"。它主要包括 4 个阶段：计划（Plan）、执行（Do）、检查（Check）、处理（Act）。PDCA 之所以被称为"循环法"，是因为这 4 个步骤是周而复始、不断完善的。不断地计划、执行、检查、处理，从一个循环进入下一个循环，不断地实现计划中的目标，不断地总结经验与教训，不断地积累成功，不断地创造新成果。

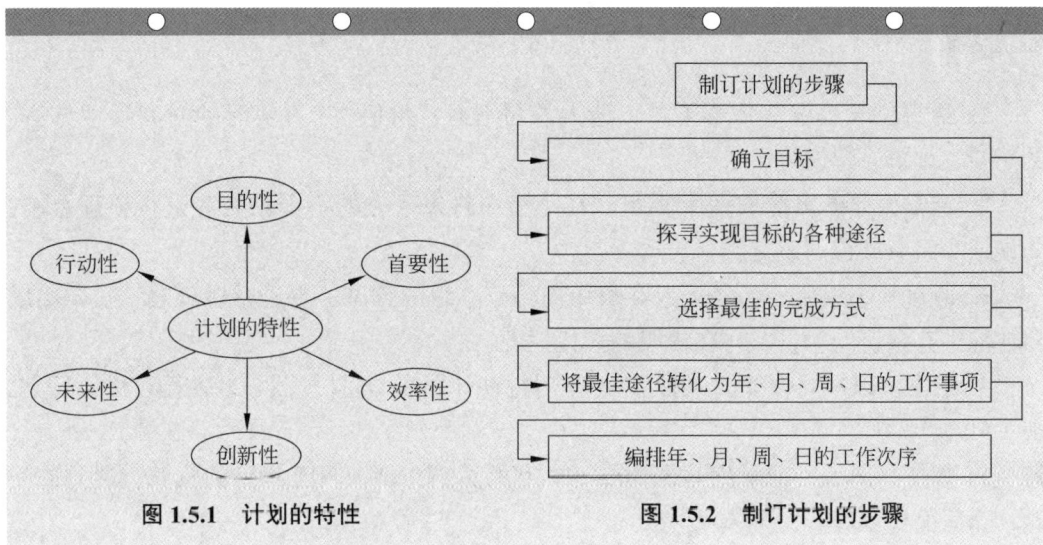

图 1.5.1 计划的特性

图 1.5.2 制订计划的步骤

互动交流 1 要事优先原则

有一次，伯利恒钢铁公司的总裁迈克尔·戴维斯感到绝望和困惑。他发现公司的业绩一落千丈，濒临破产。他深知需要采取一些措施拯救公司，于是他寻求了管理学大师艾维·利的帮助。

艾维·利是一位在时间管理和效率提升方面有着卓越成就的专家。他对伯利恒钢铁公司的情况进行了详细了解后，提出了一个简单而精确的方案。

他拿出一张纸，让迈克尔·戴维斯写下明天要做的事情。总裁按照平时常规的安排，一一列出了需要完成的事项。艾维·利告诉他，从中选择最重要的事情，并按照重要程度进行排序。

迈克尔·戴维斯只花了几分钟，就将6件重要的事情标上了序号。接着艾维·利告诉他："接下来，你要全力以赴地完成第一件事情，然后再去做第二件事情，以此类推，直到你完成了这6件事情。坚持一段时间后，如果你觉得这个方法有效，就可以向高层管理人员推行，如果依然有效，可以继续向下推广，直到每位员工都使用这个方法。"

迈克尔·戴维斯接受了艾维·利的建议，并立即付诸实践。随着时间的推移，伯利恒钢铁公司逐渐展现出好转的迹象。5年后，公司从一家濒临破产的企业转变为美国最大的私营钢铁企业之一。

为了表达对艾维·利的感激之情，迈克尔·戴维斯给他寄了一张价值2.5万美元的支票作为酬劳。这个时间管理方法也被管理学界称为"价值2.5万美元的时间管理方法"，其核心是要事优先的原则。

讨论

1. 给每位学生发 2 张不干贴，请大家写下对"价值 2.5 万美元的时间管理方法"的感受、评价、建议等。

2. 将学生 4~6 人分成一个小组。在小组内将每个人的不干贴内容进行整理总结，归纳成小组有共识的意见。

3. 请每个小组派一名代表，在班级内分享本组的意见，再进行整理总结，归纳成全体同学有共识的意见，写在班级的宣传栏内。

4. 请学生以一周为单位，制订一份学习行动计划表，并且按照 PDCA 循环法执行（见表 1.5.1）。

5. 坚持一周后，请学生写出 300~500 字的总结，谈谈自己得到的收获、遇到的问题、今后的计划等。

表 1.5.1 基于 PDCA 循环法的学习行动计划表

日期	序号	P（计划）	D（执行）	C（检查）	A（处理）
周一	1 2 3 4 5 6				
周二	1 2 3 4 5 6				
周三	1 2 3 4 5 6				
周四	1 2 3 4 5 6				

续表

日期	序号	P（计划）	D（执行）	C（检查）	A（处理）
周五	1 2 3 4 5 6				
周六	1 2 3 4 5 6				
周日	1 2 3 4 5 6				

评 析

　　要事优先的原则可能看起来很简单，但当我们真正坚持贯彻时，就会发现其中的奥妙所在。通过本次互动交流活动，同学们首先从故事中提炼出要事优先原则的内涵和意义，建立起科学排序的意识，加深了对 PDCA 循环法的理解。其次，亲身体验了按照 PDCA 循环法做学习行动计划表的过程，进一步细化了"计划、执行、检查、处理" 4 个步骤的具体内容。最后，通过撰写总结，更加深刻地认识到，如果想高效率地完成任务，一定要按照正确的原则进行排序，并且专注于最重要的事情，持续地做完、做好，这样才能得到预期的结果。

扩 展 习 题

　　1. 计划对于实现目标的重要性体现在哪个方面？（　　　）

　　　A. 帮助更好地分配资源　　　　　　B. 可以避免出现任何问题

　　　C. 将使你得到不断的赞美和认可　　D. 消除所有的风险因素

　　2. 下列哪个陈述最能概括"计划是成功的蓝图"的含义？（　　　）

　　　A. 计划不是必需的，只要努力工作就可以成功

　　　B. 计划是为了展示自己的聪明才智

C. 计划是制定目标和确定如何达到目标的过程

D. 计划不值得花时间和精力，因为事情总是变化的

3. 计划的重要组成部分是什么？（　　　）

A. 执行和快速决策　　　　　　　B. 责任和领导能力

C. 目标和时间表　　　　　　　　D. 反馈和奖励制度

4. 为什么坚持计划非常重要？（　　　）

A. 它能消除所有的风险和挑战　　B. 它使你的努力更有方向性和内在动力

C. 它可以确保一次成功的结果　　D. 它不重要，因为事情总是发生变化

答案：A　C　C　B

互动交流 2　什么是"瞎忙"

王军是一位中年人，古话说"三十而立"，但他已经过了40岁却还没有找到自己事业的基点在哪里。他经常抱怨自己很忙，无论见到谁，他最喜欢说的一句话就是："忙死了。"回到家后，他第一句话就是抱怨："现代人真不容易，除了工作，还有很多的社交、家庭琐事，真让人应接不暇！"

然而，事实上，他并不是真忙，而是所谓的"瞎忙"，没有忙到点子上。有一次，王军和同伴去农村旅游，午餐时同伴提议他们自己做一次地道的农家饭，一个负责挑水，一个负责烧饭。

王军觉得到河边去挑水太累了，于是要求负责烧饭。然而，他一会儿找柴火，一会儿又丢下柴火去淘米。他只找了一点柴火，就迫不及待地开始做起了饭，结果柴火很快烧完了，饭也没熟。于是他又急忙跑出去继续找柴火，等找到了足够的柴火回来时，锅里的饭已经夹生了。

讨论

1. 教师提前准备2个大口玻璃罐子（1000mL）、4个网球、10个乒乓球、30个玻璃球、2瓶500mL的水。

2. 选2位学生担当志愿者，走到讲台前按照不同的实验流程为同学们做演示。

流程一：按照2个网球—5个乒乓球—15个玻璃球—1瓶水的顺序，将大口玻璃罐子装满。

流程二：按照1瓶水—15个玻璃球—5个乒乓球—2个网球的顺序，将大口玻璃罐子装满。

3. 请学生观察2位志愿者的操作结果，发表自己的意见和建议，再将学生的意见进行整理总结，归纳出3~5条建议，张贴在班级的宣传栏内。

4. 基于上面的活动经验，请学生为王军和他的同伴设计一个科学的工作流程表，

填写表1.5.2。

表 1.5.2　"农家乐"活动任务流程一览表

序号	任 务 内 容	任 务 时 长	责 任 人	所 需 用 品

评 析

　　凡事"预则立，不预则废"。通过本次互动交流活动，学生们深刻认识到，如果没有一个科学可行的行动计划方案，不能分清轻重缓急、把握核心环节工作，就不能保证工作质量和结果符合预期的要求。学生们亲身观察体验到，按照不同流程装大口玻璃罐子会产生截然不同的两种效果，这会在很大程度上增强学生们科学管理时间的意识。最后通过为故事主人公设计一个"农家乐"活动任务流程一览表，学生们将科学管理时间的理念落实在具体的行动之中。

扩 展 习 题

　　1. 下列哪个做法能帮助学生分清主次，提高学习效率？（　　　）

　　　A. 在同一时间内同时阅读多本书

　　　B. 把学习任务细分为小目标，一步步完成

　　　C. 只专注于一门学科，忽视其他科目

　　　D. 尽量避免复习和复习资料的使用

　　2. 在学习过程中如何区分主次？（　　　）

　　　A. 优先处理感兴趣的课程，再处理其他学科

　　　B. 每天按学科顺序依次完成作业

　　　C. 根据紧急程度和重要性安排学习时间和任务优先级

　　　D. 集中时间在自习室学习，不被其他事物干扰

　　3. 在备考时如何正确地分清主次？（　　　）

　　　A. 首先专注于易掌握的知识点，再花更多时间学习难点

　　　B. 尽可能了解考试的全部内容，均衡地安排学习时间

C. 只关注过去几年考试中经常出现的题型和内容

D. 忽视基础知识，只做大量模拟题

答案：B　C　A

1.6　拼命地玩，拼命地学，生活会因此变得更加精彩（适合高中生）

首先，让我们来一起思考一下：你们是否曾经觉得，学习和娱乐是互相对立的呢？你们会不会觉得只要努力学习，就没时间去享受生活中的乐趣？或者，只要追求玩乐，就会忽视学习？如果你们有过这样的疑惑，那么本节班会将为你们带来一个新的视角。

在本次班会中，我们将一起探索如何把学习和娱乐结合起来，使生活变得更加精彩。当然，这不是告诉大家要放弃学习，而是要找到一种平衡、相辅相成的方式，让学习和娱乐在我们的日常生活中相得益彰。

阅读下列资料，请学生展开讨论：番茄工作法在时间管理上有哪些优势？莫法特休息法的最终目的是什么？

1. 番茄工作法

番茄工作法是一种简单而高效的时间管理技巧。应用此方法时，我们首先需要明确一个具体的任务或工作项目，随后将计时器设定为 25 分钟，这即为一个"番茄时间"。在这短暂的 25 分钟内，你的全部精力都应聚焦于所选择的任务上，尽量避免外界干扰和分心。当定时器响起时，这标志着一个番茄时间的结束。此时，你可以暂时放下手中的工作，给自己一个短暂的休息时间，通常是 5 分钟。这段时间内，你可以放松一下，活动身体，或者做一些简单的伸展运动，为接下来的工作周期做准备。每连续完成 4 个番茄时间后，我们可以享受一个更长的休息时间，作为对自己辛勤工作的奖赏。

番茄工作法不仅极大地提升了工作和学习的效率，而且常常在无形中给予我们一种满足和成就感。在实际运用过程中，我们有时可能会面临突发的紧急任务，这些任务需要立即处理。在这种情况下，我们可以灵活地暂停当前的番茄时间，优先处理紧急任务，并在处理完毕后重新启动番茄时间。对于那些并非紧迫但需要关注的事项，我们可以采取一种巧妙的处理方式。在任务清单上，我们可以在相应任务旁边添加一个逗号或其他标记，以表示这是一个"打扰"。随后，我们可以将这些"打扰"事项记录在另一个清单中，比如"待办事项"或"计划外事件"。这样做的好处是，我们可以清晰地知道哪些事项是计划内的，哪些是计划外的，从而确保当前的工作周期不被打断，保持任务的连贯性和高效性。通过这种方式，我们不仅能够应对突发情况，还能确保工作和学习的高效进行。

2. 莫法特休息法

莫法特休息法是一种高效的工作策略，它主要通过切换不同的工作内容来恢复精力，以避免感到疲劳。这个方法是由詹姆斯·莫法特——一位杰出的翻译者提出的。他在书房中巧妙地布置了 3 张桌子，每张桌子都承载着不同的工作：第一张桌上是书的译稿，第二张桌上是论文原稿，第三张桌上则是正在创作的侦探小说。

莫法特深知，有些任务并非一蹴而就，需要长时间的专注与投入。为了避免长时间沉浸于单一工作带来的疲惫与乏味，他采用了独特的休息方式——从一张书桌轻松转移到另一张，继续不同的工作。这种灵活的工作切换，不仅有助于他放松身心，更能有效防止工作陷入单调的循环。

每当莫法特感到疲惫或当前工作变得枯燥时，他会果断地更换工作场景，从一张书桌移到另一张。这种转换不仅为他带来了新鲜的视角，也让他能够在不同的工作之间找到乐趣与灵感。通过这种方式，莫法特成功地在保持旺盛精力的同时，避免了疲劳感的侵袭。

莫法特休息法告诉我们，工作与休息并非相互对立的，而是可以和谐共生的。通过巧妙地切换工作内容，我们不仅可以提高工作效率，还能在忙碌的工作中找到乐趣与平衡。

互动交流 1　充分利用时间

俄国有一位著名的地质学家叫奥勃鲁契夫，他对工作充满热情，并为了充分利用时间将每天分成了 3 个阶段。

第 1 个阶段是从早晨起床到 14 点。在这段时间内，他专注于完成最重要的工作任务。他认为早晨的精力较旺盛，所以应该把首要任务安排在这个阶段完成，以避免因处理不好事情而导致结果不尽如人意的情况。

第 2 个阶段是从 14 点到 18 点。在这段时间内，奥勃鲁契夫会做一些相对轻松的工作。他认为上午已经过去了一半，人已经够累了，不能一直绷紧精神，而是要劳逸结合。只有这样，工作才能有进展，才能取得最高的效率和最佳的成果。

第 3 个阶段是从 18 点到凌晨。在这段时间里，奥勃鲁契夫会阅读书籍或者进行一些必要的业余活动。他认为人是活动的动物，除了增长知识外，也需要参加一些户外运动来保持身体的健康。他强调精神和身体素质的同时发展，认为两者缺一不可。

通过这种时间安排，奥勃鲁契夫成功地将自己的生命延长了两倍。有时，他的妻子会问他："你每天这样做，难道不觉得不自然吗？你的生物钟和别人不一样，是不是在搞特殊？"奥勃鲁契夫笑着回答："要想活得有意义，就必须充分利用时间，而利用时间需要有适合自己的方法。我认为将一天分成 3 个阶段，不仅可以劳逸结合，还能更有效地掌握我希望获得的知识。至于是否在搞特殊——我们每个人都与众不同，如果我都像其他人一样，不仅会失去自己，而且最终可能会后悔。"

妻子接着问："你每天凌晨睡觉，早上 6 点钟起床，你的睡眠时间安排得合理吗？"

奥勃鲁契夫说："对于我这个年纪的人来说，6 小时的睡眠时间已经足够好了。如果我现在还年轻，是青少年，当然可以安排更多时间来睡眠；而如果我是老年人，当然需要比现在多睡一点儿时间。"

奥勃鲁契夫的回答让妻子似乎有所领悟，她点了点头。

讨 论

1. 盘点我的"时间金币"

为每位学生发一张"我的时间金币"表格（见表 1.6.1），以昨天为参照物，填写表格中的学习生活内容。并且按照自己的价值判断对这段时间的价值进行评估，在相应的空格内打"√"。如果是"最有价值"可获得 4 枚金币，"比较有价值"可获得 3 枚金币，"有一些价值"可获得 2 枚金币，"有一点价值"可获得 1 枚金币，"没有价值"则没有金币。逐项进行价值评估后，小计和合计全天的时间金币总值。

表 1.6.1　我的"时间金币"

时间段	学习生活内容	时间金币当量值				
		4（最有价值）	3（比较有价值）	2（有一些价值）	1（有一点价值）	0（没有价值）
6:30—7:00	起床					
7:00—7:30	早餐					
7:30—8:00	上学路上					
8:00—8:40	上课					
8:40—8:50	课间					
……						
小　　计						
合　　计						

2. 将学生 4~6 人分成一个小组。在小组内进行讨论，看看每个人对时间金币的评价方法以及最终的结果。

3. 推选出金币值最高的 1~3 位学生为同学们分享自己的评价方法和心得，邀请金币值比较少的学生也谈谈自己的体会以及未来的打算。

评 析

通过本次互动交流活动，同学们进一步认识到当我们的体力、情绪和智力处于高潮期时，我们应该充分利用这个良好的状态，努力学习。然而，当我们的体力、情绪和智力处于低潮期或临界期时，我们应该学会放松。紧张的心理状态会影响我们的体力和大脑功能，从而降低学习效率。在低潮期，我们应该适当休息、锻炼和补充营养。同时，我们也要注意大脑的健康，例如改变大脑活动的方式，轮流学习不同的内容，让大脑的各个区域交替活动。劳逸结合是很重要的，这样可以让大脑保持较长时间的高潮状态，有利于提高学习的效率。俗话说时间就是金钱，我们虽然不能延长 24 小时的时间长度，但是我们可以提高每个小时甚至每一分钟的效率，由此创造更高的价值。

扩展习题

1. 生物节奏是指人体在 24 小时内出现的一系列生理变化，其中最具代表性的是（   ）。

    A. 睡眠节律   B. 饮食节律   C. 运动节律   D. 学习节律

2. 以下哪个行为可以充分利用生物节奏来提高学习效果？（   ）

    A. 在疲倦时翻看学习资料   B. 在早晨起床后立即开始学习

    C. 在午饭后进行学习   D. 在晚上进行深度思考

3. 使用电脑、手机等电子设备在晚间学习和娱乐会对生物节奏产生什么影响？（   ）

    A. 使生物节奏更加规律   B. 扰乱生物节奏

    C. 加速生物节奏的转换   D. 对生物节奏没有影响

4. 下列哪种学习方式符合生物节奏的规律？（   ）

    A. 连续学习数小时后休息一段时间   B. 长时间不间断地学习

    C. 多次短时间学习   D. 夜间长时间复习

5. 当面临学习和玩耍的选择时，应考虑以下哪些因素？（   ）（多项选择题）

    A. 当前的学习任务和进度   B. 自身的兴趣和偏好

    C. 个人的精力和健康状况   D. 社交活动和人际关系

6. 如何在玩和学习之间取得平衡？（   ）（多项选择题）

    A. 制订合理的学习和玩耍计划

    B. 学会优先选择重要的学习任务

    C. 合理安排休息时间

    D. 寻找适当的玩乐方式，使其具备学习的成分

    答案：A B B A ABC ABCD

互动交流 2 劳逸结合的重要性

张某是一个典型的工作狂，每天只顾着工作，脑海中几乎没有休息的概念。多年的过度操劳让他变得面容憔悴，不再像一个朝气蓬勃的年轻人，反而有了一股忧郁老

成的气质。在春节期间,他的好朋友赵某邀请他一起去游玩。然而,就连在游玩的途中,张某也不忘提着一台笔记本电脑。赵某是张某的大学同学,现在在一家公司担任部门经理,他好奇地问张某为什么带着电脑。张某回答说还有一个企划没有完成。赵某笑了笑说:"'将在外,君命有所不受',你还是安下心来享受这难得的假期吧。"

即使在游玩的过程中,张某仍然一副无精打采的样子,总是陷入沉思。赵某告诉他:"你需要注意休息,懂得劳逸结合。如果你一直这样工作下去,不仅身体会垮,精神也会垮掉。"

张某苦笑着回答:"我哪有时间休息啊!"

赵某沉思道:"你不要把工作和休息对立起来。其实,休息同样重要,不好的休息会影响工作,有时甚至适得其反。"

讨 论

引导学生进行以下活动:

1. 将学生分成 4~6 人一个小组。每个小组为张某设计一份能够兼顾工作与旅游的出行计划。

2. 每个小组选派一位代表,在班级同学面前分享本组设计的出行计划并且说明理由。

3. 班级同学通过讨论或者投票的方式,选出设计最合理的一份出行计划。教师给予该小组成员一定的奖励。

4. 每个人结合自身实际情况为自己制订一个假期出行计划,要兼顾学习和生活。可以先保留下来,等到假期的时候再拿出来使用。

5. 问题讨论:你认为一个人应该如何劳逸结合,保持身心健康?

评 析

一个不会玩的人也不会学。通过本次互动交流活动,同学们能够清醒地认识到:珍惜时间学习的实质意义是要有效地利用时间,在有限的时间内获取更多的知识,而不是陷入无休止的操劳中。我们要树立休息和放松同样重要的意识,在安排学习和生活的时候尽可能做到兼顾,这是快乐生活与高效学习的最佳策略。

扩 展 习 题

1. 劳逸结合是指(　　　)。

　　A. 只顾学习,不休息　　　　　　　　B. 平衡学习和休息

　　C. 一味追求休息,忽视学习　　　　　D. 没有规律地学习和休息

2. 劳逸结合对身心健康的影响是(　　　)。

A. 有助于提高学习效率　　　　　　B. 有助于预防疲劳和疾病

C. 可以增加精神压力　　　　　　　D. 会导致身体虚弱

3. 下列行为属于劳逸结合的是（　　　）。（多项选择题）

A. 定期进行体育锻炼　　　　　　　B. 在学习一段时间后及时休息

C. 保持良好的睡眠习惯　　　　　　D. 将工作和娱乐完全分开

4. 为了保持身心健康，劳逸结合还需要注意什么？（　　　）（多项选择题）

A. 合理安排学习时间　　　　　　　B. 降低学习的强度

C. 锻炼时不要过度劳累　　　　　　D. 多参加社交活动

答案：B　B　ABC　AC

互动交流 3　选择理想的生活方式

在一个宁静的小渔村的码头上，一个富人偶然发现了一个渔夫的小船上堆满了价格昂贵的大黄鳍鲔鱼。他对渔夫能够抓到这么高档的鱼表示赞赏，并好奇地问渔夫要花多长时间才能抓到这么多鱼。渔夫轻松地回答说："只需要很短的时间就能抓到。"

富人听了渔夫的回答，心生疑惑，他再次问道："那你为什么不继续抓更多的鱼呢？这样你就能赚更多的钱了。"渔夫却不以为然地回答说："这些鱼已经足够我一家人生活所需了。"

富人感到非常惊讶，他继续追问："那你一天剩下来的时间都在干什么呢？不觉得很无聊吗？"渔夫笑着回答说："不会啊，我的日子过得充实又忙碌。我每天都会睡到自然醒，然后出海抓几条鱼。回来后，我会和孩子们一起玩耍，享受家庭的温馨时光。中午，我会睡个午觉，让身心得到放松。到了晚上，我会去村子里喝茶聊天，和朋友们一起弹吉他、唱歌、跳舞。我的生活充满了乐趣和忙碌，怎么会感到无聊呢？"

富人听到渔夫的回答后，并不以为然，他自豪地自称是某商学院的工商管理硕士，并提出了一个主意来帮助渔夫。他告诉渔夫应该多花时间去抓鱼，这样就能赚更多的钱。他建议渔夫用赚来的钱买一艘大一点的船，然后再买更多的渔船，最终拥有一个渔船队。到那时，渔夫可以直接卖给加工厂，赚更多的钱，甚至可以把企业扩大到芝加哥、洛杉矶或纽约。

渔夫听完富人的建议后笑了笑，然后问道："这个过程需要多长时间呢？"富人回答说："需要 15 到 20 年。"渔夫继续追问："然后呢？"富人大笑着说："然后你就可以在家享福了！你可以让公司上市，把你的股份卖给投资大众。那时你就会赚到上亿元的财富！"

渔夫再次追问："然后呢？"富人说："到那个时候你就可以搬到海边的小渔村来享受生活啦。每天可以自由自在地睡到自然醒，出海随便抓几条鱼，和孩子们一起玩耍，中午再睡个午觉。黄昏时，去村子里喝点茶，和朋友们一起弹吉他。"渔夫笑着说："干吗这样费劲呢？现在我就过着这样的生活呀。"富人感到非常困惑。

讨 论

引导学生进行以下活动：

1. 举办一场"我的人生我做主"的辩论赛。

① 将学生分成 3 组，一组代表渔夫，一组代表富人，一组代表裁判。渔夫组和富人组以各自的角色为出发点，围绕不同的人生目标和人生路径准备本方的论点、论据，并形成答辩稿。裁判组要经过讨论和征求意见，形成辩论赛的比赛规则，并且公之于众。每个小组推选 4 名代表，分别组成渔夫辩手团、富人辩手团和裁判团，布置赛场，开始进行辩论赛。

② 渔夫辩手团与富人辩手团按照辩论赛的规则，以"我的人生我做主"为主题开展双方的辩论。裁判团秉承公开、公正、公平的原则对双方辩手团的表现进行客观评价，选出优胜方以及最佳辩手 2 人，给予一定的奖励。

2. 每位学生在辩论赛之后提交 300~500 字的感想，选出优秀的作品张贴在班级宣传栏内。

评 析

通过本次互动交流活动，同学们深刻认识到人与人之间的世界观、人生观、价值观是不一样的。富人认为财富和地位是成功的标志，而渔夫则认为生活的质量和幸福感更重要。富人试图说服渔夫去追求更多的财富，但渔夫拒绝了。这体现了选择自由的重要性。而富人忙于追求更多的财富和权力，可能忽略了生活的真正意义。

经过激烈的辩论赛，双方各抒己见，澄清了头脑中许多的观念，从而使学生们树立了一个坚定的信念，即每个人都有权利选择自己想要的生活方式，不要受他人的影响或控制。要尊重自己的选择，并勇敢地追求自己想要的生活。没有一种生活方式是普适的。我们应该尊重并理解彼此的差异，而不是用自己的标准去评判他人。

1.7　高效率是聪明人的特质（适合高中生）

在我们的日常生活中，我们经常会遇到许多任务和挑战，而如何在有限的时间内完成它们并取得优秀的成果，就成为我们需要思考和提升的重要能力。

我们或许有过这样的经历：每天都有大量的学习任务、作业和考试压力，而在时间有限的情况下，我们必须做出选择和安排，才能保证事情不堆积，同时还要保持学习成绩的稳步提升。这无疑需要我们拥有高效率的学习方法。

高效率并不仅仅是快速地完成任务，更重要的是通过科学合理的计划和组织，达到事半功倍的效果。聪明人懂得如何利用时间，合理安排各项任务的优先级，并且掌握一些有效的学习技巧，从而提高自己的学习效率。

1. 基于帕累托原则的 ABC 分析法

ABC 分析法又称 ABC 管理法，是 19 世纪由意大利经济学家维尔弗雷多·帕累托设计的。为了考查少年的时间观念和对事情轻重缓急的分辨能力，帕累托与 3 所学校合作进行了一次实验。实验所需的器材很简单，只有水壶、墩布和各种餐具。首先，他们将水壶、墩布和餐具的摆放顺序打乱，然后将受试者按照学校分成 3 组，并告诉他们实验的方法。实验的内容很简单，只需要将各种餐具清洗干净，将水壶里的水烧开，再用墩布清洁地面，最后再写一页单词。

第一组受试者首先收拾了餐具，然后拖地，接着烧水，最后才开始写单词。他们一共用了 20 分钟完成所有任务。

第二组受试者则先写单词，然后收拾餐具，接着拖地，最后才开始烧水。他们也用了大约 20 分钟完成所有任务。

到了第三组受试者，他们首先烧水，然后在等待水烧开的过程中，开始收拾餐具，接着写单词，最后进行拖地。令人惊讶的是，他们仅用了约 10 分钟就完成了所有任务，比前两组受试者快了整整 10 分钟。

在确定工作顺序时，首先需要制定一个清单，列出所有的任务。然后，根据任务的重要性，用 ABC 作为主要标记符号来进行分类。A 类，是关键少数任务，约占总数的 10%，但对结果的影响最大，通常需要最严格的控制和最多的关注。一般重要的任务标记为 B 类，约占总数的 20%，具有中等影响，需要常规的关注和控制。常规的任务标记为 C 类，约占总数的 70%，对结果影响较小，可以简化管理流程，控制成本。

2. "电梯演讲"

麦肯锡公司曾经有过一次令人痛心的经历。他们为一家重要的大客户提供咨询服务。在咨询结束后，该公司的项目负责人在电梯里遇到了对方的董事长。董事长询问项目负责人能否简要介绍一下现在的结果。然而，由于项目负责人没有准备好，即使准备好也无法在电梯从 30 层下降到 1 层的 30 秒内完整地表述结果。这导致麦肯锡公司失去了这个重要的客户。

从那以后，麦肯锡公司要求员工在最短的时间内清晰地表述结果，直奔主题。他们认为，一般来说，人们最多只能记住前三个事物，而记不住第四个、第五个或第六个。因此，他们要求凡事都要归纳到 3 条以内。这就是如今在商界广泛流传的"30 秒钟电梯理论"，也称为"电梯演讲"。

互动交流 1 专注获得成功

某公司在招聘员工时非常重视应聘者是否具备专注的态度。在最后的考核环节，甚至由董事长亲自进行评估。故事的主人公约翰逊现在已经是该公司的经理，他在回忆应聘时的情景时说："那是我一生中最重要的一个转折点，一个人如果没有专注工作的精神，那么他就无法抓住成功的机会。"

在面试当天，董事长给约翰逊递来一篇文章，并要求他一字不漏地读完，最好能够一刻不停地读完。说完这句话，董事长便离开了办公室。约翰逊对此并不觉得困难，认为这样的要求太简单了。他深吸一口气，开始认真读起来。

过了一会儿，一位漂亮的金发女郎走到他面前，询问是否需要喝茶。她放下茶杯，微笑地看着约翰逊。然而，约翰逊好像没有看到她的举动，还在专心致志地阅读。又过了一会儿，一只可爱的小猫来到约翰逊的脚边，并用舌头舔他的脚踝。尽管约翰逊本能地移动了一下脚，但完全没有影响他的阅读，他似乎也没有察觉到小猫的存在。

金发女郎再次出现，请求约翰逊帮她抱起小猫。然而，约翰逊仍然大声地读着，完全不理会金发女郎的请求。

最终，约翰逊成功地读完了文章，松了一口气。这时，董事长走了进来，问约翰逊是否注意到了那位美丽的女士和她的小猫。约翰逊回答说没有注意到。董事长笑着表示满意，并告诉约翰逊那位女士是他的秘书，她多次请求帮助，但都没有得到回应。

董事长点点头，满意地笑道："小伙子，你表现得很好，你被录取了！在你之前，已经有50人参加考试，但没有一个人及格。"他接着说："如今，像你这样具备专业技能且专注工作的人实在太少了！你必将有很好的前途。"果然，约翰逊进入公司后，凭借自己的业务能力、专注和热情，迅速被董事长提拔为经理。

讨论

引导学生进行以下活动：

1. 接龙游戏：请学生用一句话说明对专注力的理解。例如："我认为专注力是一种持续聚焦某一个目标任务的能力。"学生之间进行接龙，直到没有新的观点即可结束接龙。

2. 将学生4~6人分成一个小组。讨论有可能影响专注力的因素，并且讨论破解的方法和技巧，将讨论结果填到表1.7.1中。

表 1.7.1 提升专注力的秘籍

影响专注力的因素	提升专注力的方法和技巧
学习环境	
生理因素	
心理状态	

续表

影响专注力的因素	提升专注力的方法和技巧
行为特点	
家庭教育	

3. 专注力 PK 赛：学生以小组为单位进行练习，推选出最优秀的选手与其他小组的选手进行 PK。可以自行制定比赛规则，最终决出冠军、亚军、季军。教师给予适当的奖励。

评析

如果我们能一次只专心地做一件事情，全身心地投入并积极地希望它成功，那么我们就不会轻易感到精疲力竭。只有集中精力专注于一项任务，才能把这项任务做得很好。通过本次交流互动体验，学生充分了解了专注力的重要性。同时，通过有针对性的练习，学生能够提高专注力水平，培养良好的学习习惯和时间管理意识，进而挖掘自身潜力，并增强学习的自信心。

扩展习题

1. 下列哪种行为有助于提高专注力？（　　　）
   A. 同时进行多项活动　　　　　　　B. 经常使用手机和电脑
   C. 练习冥想和深呼吸　　　　　　　D. 睡眠不足
2. 以下哪种因素可能会分散注意力？（　　　）
   A. 制定目标和计划　　　　　　　　B. 安静的学习环境
   C. 多任务处理　　　　　　　　　　D. 合理的休息间隔
3. 以下哪项做法对于提高专注力是有效的？（　　　）
   A. 不断拖延任务　　　　　　　　　B. 分解大任务为小任务
   C. 忽视休息时间　　　　　　　　　D. 不设定明确的目标
   答案：C　C　B

互动交流 2　利用零散时间

李萌是一位钢琴老师，有一天她在给学生上课时，突然问起他们每天练琴的时间。

有一个叫赵强的学生说："每天三四个小时。"李萌老师接着问："你每次都练习这么长时间吗？"赵强回答："我认为这样才好。"

李萌老师摇头说："不，不要这样。你长大后，每天不会有很多长时间的空闲。你可以养成习惯，在空余时间里每次练习几分钟。比如在上学前、午饭后或休息时间，用 5 分钟或 10 分钟的时间去练习。将练习时间分散在一天中，这样弹钢琴就会成为你日常生活的一部分。"

当时的赵强只有 14 岁，还不太理解老师的话，但后来回想起来，他意识到这是一句至理名言，从中受益匪浅。

当赵强成为一名师范大学的教师时，他想兼职从事创作。然而，上课、批改试卷、开会等琐事占据了他白天和晚上的大部分时间。两年过去了，他却没有动笔，借口是没有时间。这时，他想起了李萌老师曾经告诉过他的话。

下一个星期，他开始实践老师的建议。只要有 5 分钟的空闲时间，他就会坐下来写作 100 字或几行文字。出乎他的意料，那个周末他竟然写出了数量可观的稿子。

后来，赵强继续用同样的方法，利用零散时间，逐渐完成了一部长篇小说。尽管他的授课工作非常繁忙，但每天仍然有许多短暂的空闲时间可供利用。除了创作，他还坚持练习钢琴。他发现，每天这些短暂的时间足够他用来写作和弹琴。无论是写作还是弹琴，他都能在这些小小的片刻中取得进步。

讨论

1. 组织一场"时间寻宝"体验活动。

（1）请学生回忆一周内的学习和生活安排，将日常活动和所花费的时间记录到表 1.7.2 中。

（2）要求学生认真分析自己的时间日志，找出未充分利用的碎片时间。

（3）将学生 6~8 人分成一组。根据以往的经验和学习需求，讨论并设计适合在 5 分钟、10 分钟、15 分钟等不同时间段内完成的小任务（如背单词、阅读一篇文章、做几道数学题）。

（4）请每组选派一名代表分享本组设计的"时间寻宝"任务，进行整理汇总，达成共识。

（5）鼓励学生在未来一周内实际执行这些"时间寻宝"任务，并记录下来。

2. 讨论：这个故事给你的启示是什么？

3. 一周后再组织一次班级分享会，请学生分享自己利用碎片时间的经验、遇到的挑战、解决办法，以及这一过程带来的变化和感受。

表 1.7.2　一周时间日志

	星期一	星期二	星期三	星期四	星期五	星期六	星期日
6:00—8:00							
8:00—12:00							
12:00—13:00							
13:00—17:00							
17:00—22:00							

评析

其实，每个人都有很多零散的时间，就算我们把学习和生活安排得再井然有序，也难免会有一些额外的碎片时间。但是，很多人都没有充分利用这些零散的时间，而是浪费掉了。如果我们能够利用好每一点零散时间，用来做一些小事情，那么这些积少成多的时间就可以帮助我们完成很多事情。通过本次互动交流活动，学生学会了识别并记录自己日常中的碎片时间并根据时间长短合理安排学习或兴趣爱好。这次活动能够培养学生有效管理时间的能力和自律性，使其形成珍惜时间、积极向上的生活态度。

扩展习题

1. 下列哪项属于利用零碎时间进行学习？（　　　）

    A. 玩手机游戏　　　　　　　　　　B. 阅读课外书籍

    C. 观看电视剧　　　　　　　　　　D. 与朋友聊天

2. 如果在公交车上有闲暇时间，如何利用最好？（　　　）

    A. 漫无目的地看窗外　　　　　　　B. 唱歌跳舞娱乐自己

    C. 默背学习过的诗词　　　　　　　D. 跟陌生人聊天

答案：**B　C**

互动交流 3　合理安排时间

有一位叫周莉的女同学。初中毕业后，她只用了 3 个月的时间，在老师的指导下，自学了高中阶段的主要课程，并以优异的成绩被国外一所知名大学录取。那她是怎么利用时间的呢？

周莉说："时间对我们来说非常宝贵，它毫不留情地一分一秒地流逝。为了在短时间内取得学习的成果，将两年的课程在 3 个月内完成，就需要在如何让 1 秒变为 2 秒、3 秒、4 秒上下功夫。时间是无法拉长的，无论你有多么努力。但是，我们有办法可以让它变得'以一当十'，那就是提高单位时间的学习效率。提高效率的窍门有两个，一是集中注意力，二是合理安排时间。集中注意力意味着在学习时要特别专心，将全部注意力集中在学习和研究问题上，而把其他无关的事情全部排除。否则，虽然表面上你在看书，但实际上心思不在，结果可能一无所获，那怎么能够高效学习呢？"

"合理安排时间也可以提高效率。每天早饭和午饭前，我会背诵公式，思考定理，复习核心问题和章节要点。上午一般看教科书和参考书。下午做题，到四五点钟时，找一些综合性难度较大的题目来做。当感到疲劳时，我会看一些其他内容，换换思维方式。晚上，再看书。在这 3 个月中的前段时间，我是学习就学习，玩就玩，看电视就看电视，锻炼身体就锻炼身体。精力充沛，记忆力好，学习效果也好。后来的一段时间，我全天从早到晚都在学习，但效果并不如前段时间好，因为精神疲劳，无法集中注意力，急于求成反而达不到目标。所以，合理地掌握最佳的学习时间，安排好学习、休息、娱乐和锻炼对于自学非常重要。"

讨论

引导学生进行以下活动：

1. "鲜花与鸡蛋"

（1）请学生结合周莉的故事，采用"送鲜花"的方式，指出周莉身上值得学习的优点；采用"扔鸡蛋"的方式，指出周莉身上存在的问题和不足之处。

（2）将学生的"鲜花"和"鸡蛋"分别归类，写在黑板上，提炼出学生对时间管理和高效学习的认知、思考和反馈。

2. 体验式活动："登峰之旅"

（1）将学生分为若干小组，每组 5~6 人，确保各组成员学习水平和性格的多样性。

（2）准备时间管理工具（如时间表模板）、学习方法资料、模拟学习材料（如短文、习题集）。

（3）每组领取相同的学习材料和任务，在限定时间内运用所学技巧完成任务。

（4）每组展示学习成果，分享在"登峰之旅"中学到的最有效的学习策略。

（5）根据每个小组的表现和其中优秀学生的表现，颁发"团队登峰奖""进步之星奖"等，鼓励积极参与活动的学生。

评析

在我们的生活中，经常能看到一些勤奋刻苦的学生，但他们的成绩却只是一般；而一些活泼松弛的学生，却取得了优异的成绩。人们常常认为前者愚笨，而后者拥有天赋。但其实，这与我们的时间管理有很大关系。勤奋的学生往往通过意志力来控制自己的学习时间，常常不顾生物钟规律而熬夜学习。而活泼的学生则更加随性，当感到困倦时就会休息，当精神饱满时才会学习，这样更好地利用了自己的智力高峰。通过本次互动交流活动，同学们进一步认识到合理利用时间并非单纯追求将时间填满，而是在于通过高质量的专注和科学的时间分配，达到学习效率的最大化。高效学习是建立在理解自身生物钟、尊重身心规律的基础上的。建议同学们通过灵活调整策略，实现学习与生活的和谐统一。在追求卓越的道路上，智慧地管理时间，平衡学习与休息，才是通往成功的坚实桥梁。

扩展习题

1. 下列哪项措施可以提高学习效率？（　　　）

   A. 将学习时间分配得更合理

   B. 在学习时同时进行其他娱乐活动

   C. 不遵循预定的学习计划

   D. 忽视复习和预习阶段

2. 如何在有限的时间内高效完成一项任务？（　　　）

   A. 拖延开始时间以获得更多休息时间

   B. 专注于任务，避免同时处理其他事务

   C. 经常中途放弃任务重新开始

   D. 不设定时间限制

   答案：A　B

第二章　情　绪　智　慧

2.1　让微笑传递快乐（适合小学低年级）

微笑是一种非常特别的表情，它可以让我们感受到温暖和快乐，也可以传递给他人快乐和关爱。想象一下，当你走进教室的时候，看到老师微笑着迎接你；当你遇到困难时，同学们伸出友善的手给予你帮助；当你开心地与朋友一起玩耍时，你们的笑声回荡在整个校园。这些都是微笑带给我们的美好体验。

微笑不仅能够让我们自己感到快乐，还可以传递给他人。让我们一起思考，如何让自己更多地微笑，让自己和身边的人都感受到快乐和温暖吧。

1. 名人名言

在我们探索微笑主题的同时，我想与大家分享一些名人名言，这些名言可以给我们启发和思考。我想邀请大家思考一下这些名人名言的意义，你们对这些名言有什么理解？我们可以一起分享一下。

（1）"不仅会在欢乐时微笑，也要学会在困难中微笑。"——赫尔岑

（2）"如果你把快乐告诉一个朋友，你将得到两份快乐；而如果你把忧愁向一个朋友倾诉，你将被分掉一半忧愁。"——弗朗西斯·培根

（3）"面带微笑会使你更受别人的欢迎。"——乔·吉拉德

（4）"假如你要获得别人的喜欢，请给人以真诚的微笑吧！"——戴尔·卡耐基

（5）"我们要一直以微笑待人，因为微笑是爱的开始。"——特蕾莎修女

2. "情绪钟摆"理论

"情绪钟摆"理论借用物理学中钟摆的运动原理来描绘人类情绪变化的周期性特征。该理论指出，人的情绪并非固定于某一点，而是像钟摆一样，在正面情绪（如快乐、兴奋等）和负面情绪（如悲伤、焦虑等）之间不断摆动。当情绪到达一个极端点时，如同钟摆抵达其摆动范围的最远处，它往往会因为内部的动态平衡机制或外部环境的刺激，开始朝相反的方向摆动。尽管情绪有时会趋向于中间的平衡状态，但很少会长时间停留在此，而是继续向另一个情绪极端摆动。这种周期性变化构成了人类情绪的基本模式。

互 动 交 流 1　微笑的力量

　　从前,在一个美丽的森林里生活着一只名叫小熊的小熊猫。小熊是一只非常友善和乐观的小动物,他总是拥有灿烂的微笑,因为他相信微笑能够传递快乐。

　　有一天,小熊遇到了一只陷入困境的小兔子。小兔子忘记了回家的路,感到非常迷茫和害怕。小熊看到这一幕后,立刻展露出阳光般的微笑,并主动走向小兔子,问道:"小兔子,你迷路了吗? 我可以帮助你找到回家的路。"

　　小兔子惊讶地看着小熊,心中涌起一股温暖的感觉。她说:"谢谢你,小熊,请带我回家吧。"于是,小熊引导着小兔子往家走。在回家的路上,小熊一直保持着微笑,并用友善的话语鼓励着小兔子,使她感到安慰和开心。

　　当小兔子终于回到家时,她转身对小熊说:"谢谢你,小熊! 你的微笑给了我勇气和力量,让我能够坚持下去。"小兔子也展露出自己的微笑,并表示想要把这份快乐传递给其他需要帮助的小动物。

　　从那以后,小熊的微笑成为传遍整个森林的力量。每当有小动物遇到困难或需要帮助时,他们都会想起小熊的微笑,并用微笑与友善来帮助他人。整个森林洋溢着欢声笑语,充满了快乐的氛围。

讨 论

　　引导学生进行以下活动:

　　1. 猜猜看

　　(1)展示数张表情图片或者表情包,请学生迅速回答它们代表哪种表情,对猜对的学生给予掌声鼓励。

　　(2)展示"情绪钟摆图",并且用通俗易懂的语言介绍"情绪钟摆"理论,帮助学生加深对各种情绪的理解和认知。

　　2. 说说看

　　选一位比较有表演天赋的学生站到讲台上,做出不同的表情。让其他学生反馈看到不同表情之后的心理感受。

评 析

　　微笑就像是一种能量,当我们见到别人微笑的时候,我们会不自觉地感受到快乐的情绪,自己的心情也会变得好起来。同样地,我们的微笑也可以传递快乐给对方。就像太阳一样,我们的微笑可以发出光芒和热量,给别人带来快乐。通过本次互动交流活动,同学们体验到不同情绪对人的心理有不同的影响,学会积极地调节自己的情绪,养成微笑的行为习惯，做一个发光发热的"小太阳"。

扩 展 习 题

1. 当你微笑的时候，别人会感觉到（　　　）。

　　A. 幸福　　　　　B. 悲伤　　　　　C. 生气　　　　　D. 困惑

2. 发现同学难过时，你可以（　　　）。（多项选择题）

　　A. 对他微笑　　　B. 忽视他　　　　C. 安慰他　　　　D. 避开他

答案：A　AC

互 动 交 流 ② 传递快乐

曾经有一个美丽的森林，里面住着一群友善而乐观的小动物。这个森林从来不缺乏快乐和笑声。每天，小动物们都会互相微笑，传递彼此间的关爱和温暖。

有一天，一只名叫奥利弗的小狐狸走进了这片森林。奥利弗天生嘴角上扬，面带笑容，在森林里迅速引起了小动物们的注意。它们纷纷走过来和奥利弗交谈，感受到了它的积极向上和善意。

奥利弗告诉其他小动物，自己来自一个没有微笑的地方，那里的动物经常争吵，整天愁眉苦脸的。它说："我一直渴望能够传递微笑和快乐给身边的人，因为微笑是最美丽的语言，可以打开人们内心的大门。"

小动物们被奥利弗的话深深打动，决定一起帮助它让那个没有微笑的森林充满微笑。它们开始去学习和探索如何制造更多的笑声和欢乐。

1. 微笑工作坊：小动物们携手共创了微笑工作坊。在这里，经验丰富的熊师傅教大家如何将树枝和花朵巧妙地编织成微笑的面具。每个动物都全身心地投入这个过程中，亲手制作属于自己的微笑面具，然后赠予其他小动物，让微笑这一无形的情感变得可见，成为一份可以传递的温暖与喜悦。

2. 欢乐剧场：小兔子与小狐狸携手合作，共同策划并导演了一系列精彩绝伦的戏剧表演。它们巧妙地将森林中流传的古老传说与现代小品相融合，创作出别具一格的剧目。每晚，当月光洒满大地，它们便会在宁静的夜晚上演这些戏剧，将欢声笑语化作夜晚最动人的旋律，为森林中的居民们带来无尽的欢乐与惊喜。

3. 心灵鸡汤电台：机智的小鸟们巧妙地借助大自然的音响条件，成功创建了名为森林之声的广播电台。这个电台每天定时播出，内容丰富多彩，包括温馨动人的故事、鼓舞人心的励志话语以及令人捧腹的轻松笑话。这些精心策划的节目旨在为每一个聆听者带去心灵的抚慰和激励，让它们在繁忙的生活中找到片刻的宁静和力量。

4. 友谊大使计划：森林中的每一个动物都被赋予了"友谊大使"的崇高使命，它们定期探访那些可能感到孤独或需要帮助的同伴。通过倾听、分享和游戏等方式，让友情和笑容在森林的每一个角落绽放。

经过一段时间的努力，奥利弗曾经居住的那一片没有微笑的森林终于变成了一个欢乐的海洋。每天，都可以听到小动物们欢笑着，幸福弥漫在空气中。奥利弗也感到非常满足，因为它实现了自己的愿望，让每个小动物都能感受到微笑的魅力。

讨　论

引导学生进行以下活动：

1. 设计"微笑徽章"

（1）将6~8人分为一个小组。请学生集思广益，用彩笔在纸上绘制一枚"微笑徽章"。

（2）每个小组展示自己设计的"微笑徽章"，并评选出最佳的设计作品，给予适当的奖励。

（3）将"微笑徽章"张贴在宣传栏内，作为统一的标志，提示学生要在学习和生活中尽量保持快乐的情绪。

2. 互动游戏——传递微笑

（1）将班级同学分成4个小组，每个小组的人数大致相等。

（2）在活动开始之前，每个小组都收到了一个信封，里面有一张纸条，上面写有不同的鼓励和支持的话语。这些话语包括："知道吗？你是最棒的！""别担心，有我呢！""我知道，你一定行。""有困难，来找我！"和"我们是朋友，别客气！"等。

（3）当老师宣布活动开始时，每个小组的第一名同学迅速打开信封，抽出纸条，然后低声地将纸条内容告诉下一个同学。接着，下一个同学再将纸条内容传递给紧挨着的同学，如此往复，直到最后一名同学。

（4）最后一名同学需要站起来大声说出纸条上的话语。这个活动要求各小组同时进行，看哪个小组能够最快地完成"传递微笑"的任务。

评　析

通过本次互动交流活动，同学们认识到微笑是可以传递和分享的，它有着令人愉悦和治愈的能力。同时也强调了团队合作和共同努力的重要性，大家只有齐心协力才能实现共同的目标。这个故事是一堂生动的情感与社交教育课，鼓励同学们成为传播正能量的小使者，共同构建一个更加温暖、友爱的世界。本次活动启发同学们通过各种新颖的方式来传播快乐，用创意为生活增添色彩。学会表达和分享正向情绪，建立和谐的人际关系。

扩 展 习 题

1. 小宋每天上学都带着微笑，他的朋友们觉得他是一个（　　　）人。

　A. 快乐的　　　　　B. 生气的　　　　C. 悲伤的　　　　D. 紧张的

2. 微笑像（　　　）。（多项选择题）

　A. 绽放的花朵　　　　　　　　　B. 温暖的阳光

　C. 漏气的气球　　　　　　　　　D. 散落的雪花

答案：**A　AB**

2.2 愤怒是一种危险的力量，它能摧毁一切，包括自己（适合小学高年级）

　　愤怒是一种激烈的情绪，当遭受到不公平、挫折，或者受到他人的伤害时，我们常常会感到愤怒。愤怒可以是一种表达不满的方式，它让我们有勇气面对不公正的待遇，维护自己的权益。然而，如果我们不正确地处理这种情绪，愤怒也可能成为一种危险的力量，对我们自身和周围的人产生负面影响。

　　当我们陷入愤怒之中时，我们的情绪会变得失控，我们可能会与他人发生言语冲突，甚至做出一些后悔的事情。这不仅会伤害到他人，也会造成我们自己的心理负担。过度的愤怒不仅会损害我们与他人的关系，还可能给我们的学习、身心健康等方面带来不利的影响。

　　在接下来的班会中，我们将会探讨如何理解愤怒、管理愤怒，以及如何将这种情绪转化为积极的力量，帮助我们更好地处理各种问题和困难。

1. 名人名言

请同学们说说下列这些名言中最有教育意义的是哪句？为什么？

（1）"世界上最宽阔的是海洋，比海洋更宽阔的是天空，比天空更宽阔的是人的胸怀。"——雨果

（2）"愤怒是一时的疯癫，你不征服愤怒，愤怒就会征服你。"——贺拉斯

（3）"愤怒从愚蠢开始，以后悔告终。"——毕达哥拉斯

2. 克服愤怒情绪的"四不宝典"

克服愤怒情绪的"四不宝典"，是一种有效的情绪管理策略，特别适合于教育学生如何健康、建设性地处理负面情绪。

（1）不伤害自己

这意味着在愤怒时，避免采取任何可能对自己身心健康造成伤害的行为，比如暴饮暴食或是长时间沉浸在消极思维中。取而代之的是，应该学会采用积极的应对方式，如深呼吸、冥想、运动或寻求专业咨询等。

（2）不伤害物品

愤怒时砸东西或破坏公共及私人财产是一种常见的冲动行为，但这种做法只会导致物质损失和后续的后悔。应学会用其他方式发泄，比如打沙袋、写日记或参与体育活动等。

（3）不伤害他人

在愤怒驱使下说出伤人的话语或做出攻击性行为，会损害人际关系，留下难以愈合的情感创伤。在情绪激动时要保持冷静，选择沟通而非冲突，学会用"我感觉……"而非"你让我……"的表达方式来阐述感受。

（4）不伤害感情

即使是在言语层面，也要避免使用带有贬低、侮辱性质的语言，因为这同样会造成情感伤害。应学会识别和表达自己的真实感受，并尝试从对方的角度理解情况，以更有效的方式解决问题。

互 动 交 流 ① 盲目的愤怒

在一个非常炎热的天气里，一位年轻的农夫划着小船前往另一个村庄，他打算将自己的农产品送到那里。他划船十分辛苦，全身都被汗水湿透了，但是他依然心急火燎地划着小船，希望能尽快完成任务，天黑之前回到家中。

突然，农夫看到前方有一只小船顺着河流迅速驶来，冲向他的方向。两只船眼看就要相撞，但那只小船却没有任何避让的意思，似乎有意要撞翻农夫的小船。

农夫非常生气，他大声喊道："让开，快点让开！你这个不负责任的人！再不让开，我们就要相撞了！"

可是，农夫的叫喊完全没用，尽管农夫手忙脚乱地试图躲避，但为时已晚，那只小船还是重重地撞上了他的船。

农夫被激怒了，他很生气地责备道："你不会开船吗？河面这么宽阔，你竟然撞到了我的船上！"然而，当农夫生气地看向那只小船时，他吃惊地发现，小船上空无一人。原来，那只船已经脱离了绳索的束缚，随河水顺流而下，不受任何控制。农夫的愤怒瞬间就减少了很多。

讨 论

1. 请同学们以接龙的形式，说一说这个故事给自己带来的启发，直到没有新的观点即可停止。

2. 每个学生准备一张纸和一支笔。请他们在规定的时间内写下导致自己愤怒的事情，包括对方的行为、自己的感受等。然后，同学们坐成一个圆圈，每个人可选择分享自己的愤怒经历。分享时其他同学需要倾听，并表达理解、支持和鼓励。

评 析

通常情况下，当你发怒时，你的听众可能只是一艘无人的空船。那个一直激怒你的人并不会因你的指责而改变他的方向。如果你能够控制自己的情绪，冷静地分析那些容易让你生气的原因，你就能够了解自己有哪些不足之处、害怕什么以及渴望什么。通过本次互动交流活动，学生理解了愤怒是一种正常的情绪，认识到合理表达愤怒的重要性和必要性。团队成员之间通过交流和互动，可以构建一个相互支持的情绪管理氛围，增强对他人的理解和同理心，减少因误解引起的冲突。

扩 展 习 题

1. 下列哪个选项最能描述"愤怒"这个词的含义？（　　　）
   A. 开心　　　　　　　B. 生气　　　　　　　C. 害怕　　　　　　　D. 伤心
2. 能够引起愤怒情绪的可能原因是（　　　）。
   A. 别人说了一句伤人的话　　　　　　B. 收到一份礼物
   C. 吃到了喜欢的食物　　　　　　　　D. 看到一只可爱的小动物
3. 当你感到愤怒时，以下哪种行为是合适的？（　　　）
   A. 大声地对他人发泄不满
   B. 冲动地打或伤害别人
   C. 找个安静的地方冷静下来
   D. 不理会任何人的感受，自己随意行事
4. 哪些事情可以帮助你缓解愤怒情绪？（　　　）（多项选择题）
   A. 深呼吸　　　　　　　　　　　　　B. 冲动地摔东西
   C. 和家人朋友聊天倾诉　　　　　　　D. 长时间独自待在房间里
   答案：B　A　C　AC

互 动 交 流 2　　不当的发泄行为

院子里，一只黑毛公鸡和一只白毛公鸡为了一条美味的青虫而展开了一场激烈的争斗。它们在院子里展开了一场打斗，身体纠缠，羽毛飞舞。它们不断地互相啄击、用爪子拍打，为了争夺那条青虫不顾一切。

突然，黑毛公鸡展示出了自己的高超技巧，它突然腾空而起，然后迅速向下俯冲，准确地用嘴啄住了白毛公鸡的鸡冠子。黑毛公鸡如同一位勇猛的骑士，稳稳地骑在白毛公鸡的身上，白毛公鸡只能低下头，无法抵抗。

当白毛公鸡看到黑毛公鸡叼着那条青虫向一只美丽的花母鸡走去时，白毛公鸡的愤怒达到了顶点。尽管内心充满了愤怒，但它却害怕黑毛公鸡的威慑力量，只能用爪子在地面上不停地抓挠，表达自己的愤怒情绪。

然而，当白毛公鸡的怒气渐渐消退时，它却悲伤地发现自己的爪子被地上的石子划破了，鲜血从伤口中流出。此外，它的漂亮羽毛也因为激烈的战斗而掉落了好几根。看着这个悲惨的结局，白毛公鸡不禁感到一阵伤心和无助。

讨论

1. 请同学们以"如果我是白毛公鸡"为题，陈述一下自己的心情、观点和有可能采取的行为。

2. 请同学们说说现实生活中，我们会因为什么而愤怒。

3. 吹气球的游戏：

（1）给每一位同学发一只气球，请同学们把内心的愤怒情绪通过吹气球的方式宣泄出来。谁越愤怒，就可以把气球吹得越大。注意安全，气球不要过大。

（2）吹好气球后扎上口。用彩笔在气球上写出自己愤怒的原因以及应对的方法和策略。

（3）邀请同学或者好朋友一起，用身体的某一个部位将气球挤破。注意安全，动作不要过大，只要挤破气球即可。

（4）邀请几位同学谈谈自己的感受。鼓励学生列举出其他有效的宣泄压力的方法。把这些方法和技巧整理好之后，贴在班级的宣传栏内，或者做成卡片放在书包里、文具盒里，夹在课本或作业本里面等。

评析

愤怒作为一种消极的情绪，常常使人失去理智，导致行为上的过度反应，进而带来伤害和后悔。要想正确应对愤怒情绪，我们需要学会冷静思考，深入分析问题，并寻找解决问题的途径。通过本次互动交流活动，同学们学会用1种以上的合适方法有效调节愤怒情绪，成为自己情绪的主人。并学会寻求合理的表达方式，避免暴力和冲突，以免为自己和他人带来不可挽回的损失。

互动交流 3 愤怒的痕迹

从前，有一个孩子，他的情绪就像夏天的雷雨，说来就来，常常因为一些微不足道的事情就大发雷霆。他的父亲看在眼里，急在心里，决定用一种特殊的方式来帮助他学会控制自己的情绪。

有一天，父亲交给小男孩一个装满钉子的包裹，并告诉他，每当他无法控制自己的愤怒，想要发脾气的时候，就用铁锤在院子后面的栅栏上钉上一颗钉子。第一天结束时，小男孩惊讶地发现自己竟然在栅栏上钉了 37 颗钉子。看到那些密密麻麻的钉子，他意识到了自己发脾气的频率有多高。

随着时间的推移，小男孩开始尝试控制自己的情绪。每当怒火中烧时，他就会想起栅栏上的钉子，想起父亲的期望。渐渐地，他钉在栅栏上的钉子越来越少，因为他发现控制自己的愤怒比钉钉子要容易得多。

终于有一天，他高兴地告诉父亲，他已经很久没有发脾气了。父亲微笑着告诉他："那么，现在你可以开始拔下栅栏上的钉子了，每坚持一天不发脾气，就拔下一颗。"

小男孩按照父亲的建议去做，经过一段时间的努力，他终于拔掉了所有的钉子。当他看着满是钉孔的栅栏时，内心充满了感慨。

父亲牵着他的手来到栅栏边，指着那些小孔说："儿子，你看，虽然你已经拔掉了所有的钉子，但栅栏上的这些痕迹却永远无法消除。这就像你的言语，一旦你向别人发过脾气，那些伤人的话就会像钉子一样在别人的心灵上留下疤痕。所以，我们要学会控制自己的情绪，用温和的语言去表达我们的想法和感受。"

小男孩深深地记住了父亲的话，从那以后，他努力控制自己的情绪，用更加宽容和理解的心态去面对生活中的一切。

讨论

1. 说说自己"钉钉子"的故事

（1）邀请数位同学，在班级同学面前描述一个与自己有关的"钉钉子"的故事。故事可包括缘由、行为、结果、感受等。

（2）请做听众的同学以"假如我是你"为题进行回应，提出自己的看法、思考和解决的对策。

2. 做练习

（1）教师介绍下面两种控制愤怒情绪的方法（见表 2.2.1），并组织学生进行练习。

（2）请学生谈谈练习后的体会。

表 2.2.1 控制愤怒情绪的方法

方 法	说 明
等待 6 秒钟	有研究表明：愤怒的情绪不会超过 6 秒。只要度过这 6 秒，我们就可以控制自己的情绪。可以数 6 个数字，或者在心里想一件其他的事情

续表

方 法	说 明
深呼吸	深呼吸是处理愤怒情绪的方法之一。通过这种方法我们可以让自己愤怒的情绪平静下来。方法：噘嘴，细而长地呼气（6~8 秒）。将体内的气全部吐完后，吸气（3~4 秒）。要有意识地进行腹式呼吸。吸气时，姿势要端正，略微挺胸

评 析

英国哲学家培根曾说过：运用违法手段报复他人，将使你的仇人占两次便宜。一次是他冒犯你时，第二次是你因为报复他而被惩罚时。虽然培根所提到的报复行为与我们通常所指的报复不完全相同，但是我们可以从中明白一个道理，即以违法手段进行报复必然会招致恶果。

每个人在受到伤害后都会尽力减轻自己的痛苦，这是人类的本能反应，无可厚非。然而，将自己的痛苦加倍放大，并将其转嫁给他人的报复心态是极为有害的。这种行为无法弥补自身的损失，甚至会危及自己的健康、幸福和生命。通过本次互动交流活动，学生深刻认识到：我们必须摒弃这种不健康的心态，通过提高个人修养，开阔心胸，提高自制能力，让自己在积极阳光的环境下生活。

扩 展 习 题

1. 如果你在跟好朋友一起玩时突然发生了误会，你应该选择以下哪个行为？（　　）
   A. 冲上去推他 / 她一把
   B. 去找一位老师或成年人帮忙解决问题
   C. 生气地离开
   D. 自己解决问题，不与好朋友说话
2. 以下哪种行为可能会使别人感到愤怒？（　　）
   A. 主动帮助别人　　B. 说别人的坏话
   C. 跟别人分享自己的玩具　　D. 给别人一个温暖的微笑

答案：B　B

2.3 焦虑是一种负担，要学会释放它（适合初中生）

我们生活在一个充满挑战和竞争的世界里，不论是学习、人际交往还是个人成长，我们都经常面临各种压力和焦虑。焦虑是一种情绪状态，它让我们感到紧张、担忧和不安。而长期的焦虑可能对我们的身心健康产生负面影响。

所以，我们需要学会释放焦虑，减轻心理负担。那么，如何做到呢？通过这次班会，希望同学们能够了解焦虑的定义，并学习一些有效的方法来缓解和释放焦虑。同时，我们还将探讨一些与焦虑有关的常见问题，以及在我们的日常生活中更好地处理这些问题的方法。

1. 名人名言

请同学们谈谈对以下几条名言有何理解。

（1）"幸福永远存在于人类不安的追求中，而不存在于和谐与稳定之中。"——鲁迅

（2）"行动是他的论证中的珍珠和红宝石。苦役、灾祸、焦虑、贫困是培养他的雄辩与智慧的严师。"——爱默生

（3）"智者的坚定不过是把焦虑深藏于心的艺术。"——拉罗什富科

（4）"科学的不朽荣誉，在于它通过对人类心灵的作用，克服了人们在自己面前和在自然界面前的不安全感。"——爱因斯坦

2. 情绪 ABC 理论

情绪 ABC 理论是由美国心理学家阿尔伯特·艾利斯在 20 世纪 50 年代提出的，它是理性情绪行为疗法（Rational Emotive Behavior Therapy，REBT）的核心组成部分。这一理论为理解和管理情绪提供了有力的框架，尤其适用于心理治疗和个人成长领域。

A（Activating Event）：激发事件，指的是引发情绪反应的外部事件或情境。例如，收到一份不及格的成绩单、遇到交通堵塞等。

B（Belief）：信念，是个体对事件 A 的内在认知评价或解释。这部分是情绪反应的直接原因，包括个体的价值观、期望、假设等。例如，认为"我必须在考试中取得优秀的成绩，否则我就是一个失败者"。

C（Consequence）：后果，指的是由信念 B 直接引起的情绪反应和行为结果。这包括情绪体验（如焦虑、愤怒、抑郁）和行为表现（如逃避、攻击性行为或放弃）。

情绪 ABC 理论强调，不是激发事件 A 直接导致了情绪和行为后果 C，而是人们对事件的信念 B 起到了关键作用。如果个体持有不合理或极端的信念（如要求完美），就可能产生负面情绪和行为问题。相反，通过调整和挑战这些不合理信念，个体可以改变其情绪反应和行为模式，达到更健康的适应状态。

互动交流 1 学习焦虑

小琪是一名小学五年级的学生，进入这个阶段后，她明显感到焦虑和压力增加。可能是由于学科知识难度的加大，或者是因为小琪在学习上遇到了瓶颈，曾经在班级中名列前茅的她，如今成绩急剧下滑，变成了中等生。

面对这样的情况，小琪的爸爸妈妈一直在寻找原因，却总是束手无策。有一段时间，小琪总是走神，无法集中精力上课，睡眠也不好。因此，她经常感到头昏脑涨，爸爸妈妈甚至怀疑她生病了，赶紧带她去医院检查身体。

经过全面的身体检查后，医生确定小琪并没有生病，但怀疑她可能有神经衰弱的问题。医生建议爸爸妈妈带小琪去看心理医生。心理医生在全面评估小琪的情况后，断定她患有学习焦虑症，而这可能导致了神经衰弱的问题。

为了解决这个问题，心理医生建议爸爸妈妈为小琪创造一个更轻松的学习环境，帮助她重新感受到学习的乐趣，从而实现快乐学习。爸爸妈妈也调整了他们对待小琪的策略，不再过分地关注她因为进入小学高年级而下降的成绩。

在告诉小琪努力学习的重要性之后，爸爸妈妈更加注重培养她良好的学习习惯。基于这些改变，小琪渐渐感到学习变得越来越轻松，成功地达到了一个良好的学习状态。

讨 论

1. 绘制"压力图谱"

（1）每位同学在一张白纸上，用大小不同的圆圈呈现自己的心理压力。圆圈面积大意味着自己的压力比较大，面积小意味着压力也比较小。

（2）用简单的字句将具体的压力写在对应的圆圈之内。

2. 分享应对压力的经验

（1）将学生4~6人分成一个小组，在小组内分享各自的"压力图谱"，请学生通过头脑风暴，想出一些有创意、有实效的缓解压力的小妙招，写在"压力图谱"的空白之处。

（2）请每个小组推荐一位代表，在班级分享本小组推荐的缓解压力的小妙招，至少3条。

（3）整理各个小组提出的创意小妙招，将达成共识的内容写在班级宣传栏内。鼓励学生积极地践行。

3. 放飞"压力"

请学生将自己的"压力图谱"折叠成纸飞机，按照统一口令朝着一个方向掷出，体会抛掉压力后的轻松和愉快的感受。

评 析

焦虑是一把双刃剑，因为它在学习活动中具有动机作用。个体的焦虑水平适中时，学习效果最理想；但当焦虑水平过高或过低时，都会对学习效率产生不利影响。适度的焦虑犹如人生的调味剂，它有助于维护个性的完整和谐。然而，过度焦虑则是一种负面情绪，长期处于这种状态下会导致各种心理障碍，使人们表现出退缩、过度顺从、暴怒或恐惧等行为，从而无法顺利完成工作或学习任务。通过本次互动交流活动，同学们能够识别、理解并有效管理学习过程中的心理压力和焦虑情绪，创意地设计出一些实用的小妙招，培养积极应对压力的策略，促进自己的个性成熟和心理健康。

扩 展 习 题

1. 下列哪项是学习焦虑的典型表现？（　　　）
   A. 对学习任务有浓厚的兴趣　　　　B. 拖延学习和逃避学习任务
   C. 非常自信和积极地面对学习挑战　D. 注意力高度集中
2. 以下哪种行为可能增加学习焦虑？（　　　）
   A. 设定合理的学习目标　　　　　　B. 良好的时间管理
   C. 过度担心考试成绩　　　　　　　D. 寻求适当的学习帮助
3. 认为自己的智力决定了学习成绩，这种观念可能导致的问题是（　　　）。
   A. 自卑感和学习焦虑　　　　　　　B. 学习动力强烈
   C. 学习态度积极　　　　　　　　　D. 快速适应学习环境
4. 学生因感到学习压力而出现身体不适，可能是由于以下哪种原因？（　　　）
   A. 健康饮食习惯　　　　　　　　　B. 长期紧张的学习状态
   C. 充足的睡眠　　　　　　　　　　D. 适当参与体育活动
   答案：B　C　A　B

互 动 交 流 2　负面情绪酿成的悲剧

　　1965年9月，美国的纽约城举办了一场备受瞩目的世界台球冠军争夺赛。在这场紧张刺激的比赛中，名将路易斯凭借其出色的球技一路领先。然而，就在他准备俯身击球，即将取得关键胜利的那一刻，一只苍蝇突然停在了主球上。路易斯挥手试图将苍蝇赶走，然而当他准备再次击球时，那只苍蝇又飞回了主球。这样的情景反复出现，直到第三次击球时，苍蝇依旧停在主球上。观众席上爆发出阵阵哄笑，原本紧张的气氛因为这只苍蝇而变得轻松。然而，对于路易斯来说，这一切却成了他情绪的转折点。他愤怒到了极点，失去了理智，决定用球杆去击打苍蝇。不幸的是，球杆在挥动中碰到了主球，裁判根据规则判定路易斯击球，他因此失去了一轮机会。这次失误让路易斯方寸大乱，他的心态失衡，连续出现失误。而他的对手则趁机反击，愈战愈勇，最终夺走了冠军。这场比赛的失利对路易斯来说无疑是一次沉重的打击，他的自尊心和自信心受到了极大的伤害。悲剧并没有就此结束。第二天早上，人们发现，他用极端的方式结束了自己的生命。

　　这桩悲剧令人深感痛惜。原本，路易斯完全可以忽略那只苍蝇，专注于比赛。当主球飞速滚动起来时，苍蝇自然会飞走。然而，他却因为无法控制自己的情绪，让焦虑干扰了自己的行动，最终导致了这场悲剧的发生。这桩悲剧令人深思：无论在什么情况下，我们都应该学会控制自己的情绪，不要让焦虑、愤怒等负面情绪干扰我们的行动和决策。

讨 论

引导学生进行以下活动：

1. 分析"路易斯的烦恼"

请同学们以接龙的方式，分析路易斯的烦恼是什么，用"因为……所以……"的句型写出为什么路易斯会因为一只苍蝇结束自己的生命，直到没有新的观点出现接龙即可停止。

2. 写出"我的烦恼"

（1）请每位同学在一张白纸的中间画一道竖线，将纸面分成两个部分。在左边用"因为……所以……"的句型写出自己内心的焦虑、担心和烦恼的事情。

（2）同学两两为一组，互换写有问题的白纸，找出哪些是两个人共同遇到的问题，哪些是自己单独遇到的问题。

教师讲解"情绪 ABC 理论"的核心要点，强调要想克服焦虑情绪，就要学会识别在特定情境下自动浮现的信念 B，特别是那些不合理的、过度夸大的信念。接着，通过逻辑分析、证据搜集等方法质疑这些信念的真实性，用更合理、更理性的信念替换不合理信念，例如将"因为我没考出好成绩，所以我是一个失败的人"调整为"虽然我没有考出好成绩，但是我及早发现了自己学习上存在的问题，这样就可以有针对性地解决问题了"。

3. "转念一想"的练习

（1）重新展开写有"我的烦恼"的白纸，在纸张的右边部分，用"虽然……但是……"的句型，将左边列举的问题进行调整，之后比较一下左右两边的说法，哪一个更有助于自己减少焦虑、解决问题。

（2）推荐数位同学在班级内进行分享，对表现突出的同学予以肯定和鼓励。

评 析

高焦虑的人通常会对自己的能力产生严重怀疑。即使他们可以暂时抑制这种怀疑，但一旦他们面临超出自身能力范围的要求时，这种怀疑就会使他们的压力倍增，而事情往往会变得越来越糟糕。通过本次互动交流活动，同学们进一步认识到情绪管理的重要性。在人生的旅途中，无论面对何种挑战或突如其来的干扰，保持冷静的头脑和专注力是成功的关键。另外，还需要学会调整认知角度，将那些看似棘手的问题转化为推动我们前进的机遇；灵活调整策略并快速适应环境，以更成熟的心态和方法应对挑战，珍惜生命中的每一个瞬间，用积极的态度和行动去创造美好的未来。

扩展习题

1. 自我怀疑常常导致以下哪种行为？（　　　）
   A. 过度自夸和自满　　　　　　　　B. 逃避问题
   C. 寻求他人的帮助和支持　　　　　D. 深入思考和自我反省
2. 下列哪种心态容易导致焦虑？（　　　）
   A. 积极进取，努力超越自我　　　　B. 接受自己的不完美
   C. 保持平衡与适度　　　　　　　　D. 担心他人的评价
   答案：**B　D**

2.4　郁闷是灵魂的阴霾，我们需要找到破除它的方法（适合初中生）

每个人都会感到郁闷，这是一种负面情绪，它会让我们感到沮丧、无助和不开心。当我们处于郁闷的状态时，会影响我们的学习、人际交往和生活质量。当我们感到郁闷时，应该如何调整自己的心态呢？

或许有些同学会选择与他人交流，寻求支持和理解；有些同学可能会通过体育活动、音乐和艺术来宣泄情绪；还有些同学则会选择静下心来思考问题，寻找解决方法。每个人的方式都会有所不同，但最重要的是，我们需要相信自己可以克服困难，积极寻求帮助，并且相信未来会更好。

请大家思考一下这些名人名言的意义，你们对这些名言有什么理解？

（1）"一个人思虑太多，就会失去做人的乐趣。"——莎士比亚

（2）"假如生活欺骗了你，不要忧郁，也不要愤慨！不顺心的时候暂且容忍；相信吧，快乐的日子就会到来。"——普希金

（3）"一个人精神的阴郁和爽朗就形成了他的命运！"——歌德

（4）"让人愁苦的原因就是，有空闲来想想自己到底欢不欢乐。"——萧伯纳

互动交流 1　尝试未知的生活

哈佛大学校长来北京大学访问时，讲了一段发生在他身上的真实故事。故事开始时，

校长请了 3 个月的假期，并告诉家人不要询问他去哪里，去做什么，他会每周给家里打电话报平安。于是校长独自前往了南部的一个农村，试图体验另一种所谓的幸福生活。

到了农村后，校长去农场里打工，还去饭店刷盘子。在田地劳动时，连吸支烟或跟工友说句话都得偷偷摸摸的。然而，最令他难忘的一幕是，在一家餐厅找到一份刷盘子的工作后，他只干了 4 个小时，老板就召唤他结账，并对他说："可怜的老头，你虽然很努力，但是刷盘子的速度太慢了，你被解雇了。"

被解雇后，校长重新回到了哈佛大学。在回到熟悉的工作环境后，他突然发现以往单调乏味的工作变得新鲜有趣起来，工作成了一种全新的享受。这 3 个月的经历，就像一个淘气的孩子搞了一次恶作剧一样，但他却真切地体验到了另一种生活的不易。更重要的是，这次经历一下子清除了他多年来在心中积攒的"垃圾"。

讨 论

引导学生进行以下活动。

1. 思考并讨论：故事中的校长为什么选择了去农村体验另一种生活？

2. 思考并讨论：故事中的"垃圾"指的是什么？

3. 引导学生进行体验式活动："心情天气"蝴蝶效应。

（1）"心情天气"预报。请同学们暂时闭上你的双眼，感受自己内心的情绪状态。如果要用一种天气来描绘你此刻的心情，那会是哪一种呢？当你们再次睁开眼睛时，请用简短的一句话，告诉我们你的"心情天气"。

（2）请"心情天气"不太好的同学，在便利贴上写下让你感到困扰或郁闷的事情，然后将其贴在教室的黑板上。请放心，这里是一个温馨且安全的区域，我们尊重每一个人的感受，愿意倾听和理解。

（3）请"心情天气"很好的同学，走到黑板前，按照自己的心愿，领取内容不同的便利贴。回到座位后，用你手中的彩笔，在便利贴上写下你认为能改善或转变心情的建议和方法。完成后，请再次将你的建议贴回到黑板上。

（4）请每位同学依次走到黑板前，仔细阅读黑板上的便利贴内容。从中寻找那些能触动你心灵的话语，体会其中的深意。如果你对某张便利贴的内容深有感触，可以选择将它带走，作为慰藉或纪念。

评 析

郁闷的情绪往往不仅源于外部压力，更多是因为我们对自己的期望值高于实际表现。我们知道，每天打扫卫生可以保持家里的清洁，避免垃圾堆积到难以收拾的地步。

心理状态也是如此，不能让负面情绪堆积，否则会直接影响到我们的心理健康。虽然经常感到郁闷不一定就会得抑郁症，但肯定比那些每天心情愉快的人更接近抑郁症的边缘。通过本次互动交流活动，同学们能够在心情郁闷时，学会用正确的方式表达出来，并且掌握一些实用的方法，有效地宣泄情绪，调整心态。

扩展习题

1. 小月最近感到很烦恼，不知道该如何处理。以下哪个方法是处理烦恼的有效途径？（   ）

    A. 尽情发泄，向身边的人抱怨

    B. 找点事情做，让自己忙起来

    C. 关起门来一个人默默消化

    D. 什么都不做，任烦恼的情绪支配自己

2. 清除心中垃圾是指（   ）。

    A. 扔掉家里的垃圾   B. 清理思绪，消除负面情绪

    C. 教育他人注意环境卫生   D. 把生活琐事整理好

3. 清除心中垃圾可以通过什么途径来实现？（   ）

    A. 写日记   B. 接受心理辅导

    C. 做冥想练习   D. 上述选项都正确

    答案：B B D

互动交流 2　虚无的烦恼

曾经有两个穷人一起赶路，他们边走边聊，其中一个人突然说："兄弟啊，如果我们能够捡到一大笔钱，那该有多好啊！我们就再也不用过这种贫困的生活了。"另一个人听了点头说："是啊，如果我们真的捡到了一笔钱，我们应该好好计划一下怎么花这笔钱。"他们开始幻想着未来的美好景象。

"我会去城里大吃一顿，然后给房屋修缮一下，让它焕然一新。"一个人兴奋地说道。

"我会把钱存起来，慢慢享受生活，买些好吃的、好用的，过上富裕的日子。"另一个人眉开眼笑地说。

突然，其中一个人想到了一个问题："等等，如果我们真的捡到这笔钱，我们应该如何分配呢？"他开始考虑这个看似简单却又关键的问题。

"当然是一人一半啊！"另一个人毫不犹豫地回答道。

"不行，这笔钱是谁捡到的，就是谁的，我为什么要与你平分呢？"第一个人不服气地回击道。

"你这个贪心的家伙，难道你想独占这笔钱？我告诉你，休想！"另一个人气愤地反驳。

于是，争论越来越激烈，最终他们忍不住开始厮打起来。就在这时，一个路人经过，听到他们的争吵，不禁笑了起来。他走近他们说："你们想要分钱，那也得等你们真的捡到钱之后才能进行分配啊。"

听到路人这样说，两个人这才恍然大悟。他们意识到自己在争论一件根本不存在的事情，白白浪费了时间和精力，最终一无所获，只弄得狼狈不堪。

讨 论

引导学生进行以下活动：

1. 思考并讨论：你认为故事中的两个人发生争执有意义吗？为什么？

2. 思考并讨论：这个故事给我们什么启示？

3. 引导学生进行体验式活动：探索未知之旅。

（1）设计一系列充满惊喜与未知元素的"盲盒"，例如，即兴主题演讲、歌唱挑战、舞蹈秀、折纸创作、真心话大冒险，以及考验默契的"你来比画我来猜"等。

（2）请同学们随机抽取一项"盲盒"任务，并按照其中的指示去执行。这次的小冒险并非以结果论英雄，而是关注过程中的体验以及如何应对这些未知的挑战。

（3）完成"盲盒"挑战后，请参与"盲盒"挑战的同学们分享一下自己的心得体会：刚刚的挑战让你有什么新的发现？面对未知，你采取了哪些策略来应对？这些经历是否让你对"未知的恐惧其实是成长的前奏"这句话有了更深刻的理解？

（4）教师做总结：通过这次"盲盒"挑战，我们共同探索了未知的领域，学会了如何勇敢地面对未知，甚至去拥抱它。每一次面对未知，都是我们成长和超越自我的宝贵机会。希望大家能够铭记这一点，在未来的日子里，勇敢地迎接每一次挑战，不断地超越自我。

评 析

人有烦恼，并非因为拥有太少，而是因为渴望更多。只要静下心来仔细思考，我们就会发现，很多时候，是那些不切实际的欲望让我们陷入烦恼的漩涡。因此，我们应该学会不与自己过不去，保持对美好生活的追求，并学会享受生活，用劳动创造自己的生活。只有这样，我们才能减轻烦恼，让自己变得快乐起来。通过本次互动交流活动，同学们认识到未知不是可怕的，而是成长的机会。要学习一些实用技巧，以积极态度面对生活中的不确定性和挑战。只有这样才能够提高个人的适应力、韧性和解决问题的能力。

扩展习题

1. 为什么有些人在没有真实原因的情况下会感到郁闷？（　　）
   A. 他们缺乏社交能力
   B. 他们过于敏感
   C. 他们的生活太平淡乏味
   D. 他们在想象中制造了困扰自己的情节
2. 一个常常多愁善感的人，可能会有什么情绪？（　　）
   A. 兴奋　　　　　B. 幸福　　　　　C. 恐惧　　　　　D. 郁闷

答案：**D　D**

互动交流3　乐观的心态

约翰是一家快餐店里的普通员工，他每天都在做着重复、枯燥的工作，制作着一样的汉堡。然而他却总是带着满脸的微笑，充满善意地对待每一位顾客。这种真诚的快乐感染了许多人。

有人好奇地问他，为什么能够对这样一份毫无变化的工作感到快乐？约翰回答道："每当我制作出一份汉堡，我就知道一定会有人因为它的美味而感到快乐。我能够想象他们满意的表情，这让我感受到了我的努力带来的成功，这是多么美好的事情。每天我都感谢自己能找到这样一份美好的工作。"

约翰的快乐心情逐渐传播开来，这家快餐店的生意越来越好，名气也越来越大。这个小小的快餐店终于引起了总公司老板的注意。他听闻了约翰的故事，被他那种积极向上的态度所感动。

于是，约翰得到了一个难得的机会，获得了总公司的一个重要职位。他的快乐和正能量不仅感染了顾客，也赢得了公司的认可和尊重。

讨论

引导学生进行以下活动：

1. 思考并讨论：为什么约翰每天做重复枯燥的工作却不烦闷？
2. 思考并讨论：这个故事给我们什么启示？
3. 组织同学试着去做"精神想象操"：
（1）情境想象：闭上眼睛想象自己在草原、大海、森林、河流、田野等地，想象的过程要有情感参与，并且一定要积极，不然不能达到放松身心的效果。
（2）音乐想象：选择一首轻松的音乐，找一个安静、舒适的环境，放空大脑，专注地聆听音乐，感受其中的情感和意境。通过想象音乐表达的美好和意义，我们可以感受到内心的平静和愉悦。

（3）色彩想象：不同的颜色可以带来不同的情绪体验。例如，蓝色可以让人感到放松和平静，红色可以点燃激情，黄色让人觉得温暖，绿色给人生机和活力，白色可以安抚心灵。当我们感到身心疲惫时，可以想象自己置身于蔚蓝的天空下，被金黄色的阳光照耀着……在想象中，我们的身体开始变得放松，身心会逐渐协调。

评析

在看待事物的态度上，悲观失望的人往往无法发现生活中的美好，而乐观向上的人则能够在各种困境中找到快乐。即使处在恶劣的环境中，乐观的人也能够欣赏夕阳的美丽、黑夜中闪烁的星星、峭壁上绽放的花朵。他们总能够捕捉到生活中的美好，并从中获得快乐。通过本次互动交流活动，同学们认识到：事情本身或许并不重要，重要的是我们面对事情的态度。只要我们拥有一双善于发现美好的眼睛和一颗乐观向上的心，那么郁闷的情绪就不会对自己产生太大的伤害。

扩展习题

1. 下列哪项是表达积极乐观态度的正确做法？（　　）

　A. 因为考试没考好，对自己失望，觉得再也无法提高成绩

　B. 尽力了但没考好，相信通过更多的努力会有进步

　C. 无论考得如何，都觉得自己很优秀

　D. 考试没考好，责怪老师出的题目太难

2. 以下哪种方式表达了对困难问题的积极态度？（　　）

　A. 遇到困难立刻退缩，觉得无能为力

　B. 总是抱怨生活不公，不努力寻找解决问题的方法

　C. 对困难保持乐观心态，相信自己可以找到解决办法

　D. 抱怨困难太多，放弃努力寻找解决办法

答案：**B　C**

2.5　叛逆是为了找到真正的自己（适合初中生）

叛逆是一个备受争议的词汇。当我们提到叛逆时，很容易想到无法无天、违背规则的行为。然而，我们是否曾停下来思考过叛逆的真正意义？叛逆究竟是一种负面的表现还是一种寻求内心真实的勇气？

在青春期的我们，常常会经历种种挣扎和矛盾。对于自身的认知，以及家庭、学校、社会的期望，这些方方面面似乎都在制约着我们的发展和自由。在面对这样的压力和

限制时，一些同学可能会选择叛逆，表现出对传统观念的反抗、对权威的抵抗。

然而，值得我们思考的是，叛逆是否仅仅是一种逃避或者抵抗的行为呢？叛逆往往反映了个体内心的不安和对真实的追求。年少的我们正在探索自我身份和世界，在此过程中，叛逆可以被看作追寻内心真实的一种方式。当然，这并不意味着我们应该不问规矩、随心所欲。我们在保持叛逆精神的同时，也要保持理性，并积极地追求真理和正义。

1. 名人名言

（1）"滥用青春胜于虚度青春。"——乔治·库特林

（2）"青年是多么美丽！发光发热，充满了彩色与梦幻，是书的第一章，是永无终结的故事。"——朗费罗

（3）"少年像一个快乐的王子，他不问天多高，也不知人间尚有烦恼，一心只想摘下天上的明星，铺一条光辉灿烂的大道。"——拜尔

（4）"青春的特征乃是动不动就要背叛自己，即使身旁没有诱惑的力量。"——莎士比亚

2. 踢猫效应

踢猫效应是心理学中的一个术语，用来描述一种情绪与行为的传递现象。个体在遭遇挫折或负面情绪时，更倾向于将这些情绪转嫁给比自己弱小或等级更低的对象，而非直接发泄给引起不满的源头。这一术语来源于一个形象的比喻：一个人在工作或生活中受到压力后，可能不会直接对造成压力的人或事表达不满，而是可能回家后对家人发脾气，家人可能接着对宠物（如猫）发泄怒气，于是负面情绪沿着社会关系链向下传递，最终影响到链条中最弱小的一环。踢猫效应强调了有效管理个人情绪的重要性，指出不当的情绪处理方式会导致无辜者受害，恶化人际关系。

互动交流 1　叛逆的表现

小乐最近情绪像点了火药一样，脾气变得很差，动不动就发火。尽管有时他想尽力控制自己，但仍然无法控制。这天晚上已经快九点半了，小乐还坐在电视前看着节目。妈妈走过来说："小乐，怎么还不去睡觉，明天还要上学呢，早点休息。"小乐显得非常不耐烦："我自己知道，看个电视也要管，真是的。""哎，这孩子，越大脾气越差……"妈妈还没说完，爸爸就把她拉到一边，小声跟她说："他现在正处于青春叛逆期，别理他。你越说他越来劲。""唉！"妈妈长长地叹了口气。坐在沙发上的小乐意识到自己刚才说的话有些过分，但他又不知道该如何向妈妈道歉，于是他干脆关掉电视，回到自己的房间去了。

　　小乐躺在床上，思考着最近发生的事情，对自己的状况感到困惑。自从上了高中，老师们每天都在说高考和大学的事情，他听得耳朵都起茧子了。每当老师提及这些话题时，小乐就感觉到一股怒火在身体中燃烧。旁边的小丽不小心碰了他一下，他就脸色阴沉地说："你没长眼睛吗？没看见我正在写作业吗？"小丽有些不好意思地说："对不起。"小乐看着小丽无辜的眼神，后悔自己的发火行为，低下头整理书本，试图掩饰自己的情绪。每次都是这样，小乐思考着，突然感到自己很陌生。以前的自己对谁都是有说有笑的，脾气非常好，连爸爸妈妈都夸自己很有礼貌。但现在呢，他不仅对同桌发火，回到家对父母说话也是那种态度。想着想着便在床上迷迷糊糊地睡着了。

　　第二天早上，小乐看见妈妈正在厨房忙碌，心里感到很羞愧，不知所措地站在那里。这时，爸爸走过来说："你在这里干什么呢？快去洗漱吃早饭。"小乐低着头走进了卫生间，待了好半天才出来，拿起桌子上的早餐匆匆出门了。走出家门的小乐感到更加羞愧，他甚至没有勇气向妈妈道歉，心里很后悔。

讨 论

　　引导学生进行以下活动：

　　1. 角色扮演：如果我是小乐。

　　（1）将 4~6 位同学分成一个小组。依据上面的故事情节编写剧本。

　　（2）在小组内征集 3 位同学，分别扮演小乐、妈妈、爸爸。

　　（3）按照小组同学们编写的剧本进行表演，主要表现小乐如何才能和爸爸妈妈心平气和地说话。思考当听到爸爸妈妈的话感到心里不愉快时，可以用什么样的方式来表达。

　　（4）评选出表演得最好的小组，给予一定的奖励。

　　2. 请同学们谈谈他们理解的叛逆是指什么。

　　3. 互动游戏：齐心护球。

　　（1）学生们依次自由报数，从 1 到 8，报到相同数字的学生会被分到同一组。

　　（2）学生们手拉手围成一个圆圈，将一个气球放在圆圈的中间，并且要保持气球不落地，同时手不能松开。

　　（3）保持时间最长的小组将获胜。

　　对于叛逆期的孩子，这个游戏旨在加强同伴间的团队凝聚力，让同伴之间更加亲密无间，敞开心扉。

评 析

　　许多同学在进入青春期后，会发现自己开始长大了，同时也会感觉自己变得不一样了。他们会经常感到忧愁，容易生气，对父母的管束越来越不满意。有时候，他们可能因为一点小事就发脾气，尽管他们知道这样会伤害别人，但却无法控制自己，说完之后就后悔了。随着时间的推移，他们的性格可能越来越怪，脾气或许也越来越不好。其实，父母也曾经经历过这个阶段，所以父母也是能够理解的。通过本次互动交流活动，希望同学们能够意识到自己的愤怒情绪产生的原因，并且学会用更好的方法来化解自己的负面情绪，努力让自己变得冷静平和，平稳度过叛逆期。

扩展习题

1. 在学校中，小伟多次违反纪律，不服从老师的管理，常常上课迟到、旷课，甚至经常与同学打架。这种行为属于（　　　　）。

    A.合群　　　　　B.懦弱　　　　　C.叛逆　　　　　D.绅士

2. 青少年时期，由于身体和心理上的变化，很多人的脾气会变得较为不稳定。以下哪种行为是脾气差的表现？（　　　　）

    A.经常乐于助人，乐于与他人分享　　B.情绪容易波动，对他人态度善变

    C.平时待人接物礼貌而友善　　　　　D.喜欢与同学交朋友，乐于与人合作

3. 青少年时期，脾气差可能会导致与家人、朋友的矛盾增加。以下哪种解决方法是不适合的？（　　　　）

    A.好好沟通，找出问题的根源　　　　B.经常将不满情绪发泄在他人身上

    C.尝试调整自己的态度和行为　　　　D.寻求家长或老师的帮助和指导

答案：C　B　B

互动交流 2　网络的诱惑

小周是一名15岁的中学生，生活在一个典型的双职工家庭环境中。他的父亲是一位经常加班的工程师，他的母亲则是一名忙碌的销售经理，两人都因工作繁忙而无法时常陪伴他。虽然家庭经济条件优渥，为小周提供了先进的智能手机和个人计算机，但这些物质上的满足却难以填补他内心情感上的空虚。

在缺少家人陪伴的情况下，小周往往孤独地度过许多时光，因此在虚拟世界里寻求慰藉和陪伴。他在学校的成绩虽然一直稳定，然而面对即将到来的中考，压力却日益增大，这让他感到焦虑和无力。为了逃避这种现实压力，他渐渐沉迷于网络游戏之中。

在游戏中，小周通过不断的努力和升级，获得了现实中难以企及的成就感和认同感。这种即时的反馈机制让他对游戏产生了深厚的依赖。他开始频繁地缺席线上课程，作业的质量也大不如前，对学习的热情逐渐减退。他越来越倾向于与网友交流，不喜欢与现实中的同学面对面沟通，导致他的社交圈子逐渐缩小。

为了玩游戏，小周常常熬夜，导致白天精神萎靡不振，形成了恶性循环。每当他玩游戏被打断时，他会表现出明显的烦躁和愤怒，甚至与父母发生争执。

长时间的不规律作息和缺乏运动，使得小周的视力开始下降，体重逐渐增加，还

出现了睡眠障碍等问题。他的自控力逐渐减弱，情绪上也开始出现焦虑和抑郁的倾向。他对现实生活的不满愈发严重，这对他的心理健康造成了严重的影响。小周的父母对他的状况深感担忧。他们不仅担心他的学业会因此受到影响，进而影响他的升学和未来职业发展，更担心他的身心健康会因此受到长期的伤害。

讨论

引导学生进行以下活动：

1. 请同学们谈谈有没有类似的经历。

2. 讨论怎样能帮助小周戒掉网瘾。

3. 组织辩论赛：网络的利与弊。

（1）将学生分为 3 个小组，一个小组代表正方观点，主要论证网络的"利"；一个小组代表反方观点，主要论证网络的"弊"；另一个小组担任裁判员，负责制定辩论赛的规则。

（2）正反辩方小组先进行充分的讨论，之后分别推选出 4 位同学组成正反方的辩论小队。

（3）裁判员小组公布比赛规则并获得正反辩方的认同。再推选出 1 位同学担任主裁判，1 位同学担任主持人。

（4）辩论赛开始，按照规则进行，每队在限定时间内发言。经过裁判组的合议，评选出胜方，并给予一定的奖励。

评析

青春期的孩子在生理和心理上都还没有完全成熟。虽然他们在面对一些事情时已经能够冷静地思考，但是他们的自我控制能力还不如成年人成熟。因此，青春期的孩子自我控制力较弱，当他们陷入网瘾的困扰时，往往会无法自拔。通过本次互动交流活动，同学们认识到网瘾的产生受多重因素的影响。如果想戒除网瘾，需要提高学生的自控力，树立更加远大的目标。同时也需要父母的理解、老师的引导和同学们的支持。网络不是一片净土，但也不是洪水猛兽。需要用其所长，避其所短。相信同学们能够从辩论赛中提高认识、厘清问题并获得有效的方法来科学使用网络资源。

扩展习题

1. 青少年的网瘾主要表现在哪些方面？（ 　　 ）

　　A. 长时间使用互联网和电子设备　　　B. 减少社交活动

　　C. 学习成绩下降　　　　　　　　　　D. 以上都是

2. 以下哪个不是青少年网瘾可能带来的后果？（　　　）

    A. 缺乏专注力   B. 睡眠质量下降

    C. 社交困难   D. 职业发展更好

3. 如果发现无法自控使用互联网的行为，应该怎么办？（　　　）

    A. 积极寻求帮助   B. 与家人和老师沟通

    C. 寻找替代活动   D. 以上都是

答案：D　D　D

互动交流 3　责任的缺失

小华是一名16岁的中学生，成长在一个溺爱型的家庭环境中。他的父母因工作繁忙，经常用物质补偿的方式来表达对小华的关爱，很少在精神层面给予必要的引导和支持。这样的教育方式让小华缺乏自我反省的能力，同时常常习惯性地回避责任和批评。

具体来说，小华在面对问题时，常常展现出一种推诿的态度。例如，当忘记做作业被老师询问时，他倾向于责怪老师没有提醒或作业量过大，而非承认自己的疏忽。在班级项目中，一旦遇到挑战或困难，他会寻找借口，指责队友不够配合或能力不足，以逃避自己的责任。与同学发生矛盾时，小华更是倾向于先指出对方的过错，忽视自身行为可能存在的问题。

这种持续的埋怨和推诿行为让周围人开始与小华保持距离，导致他难以建立稳定的友谊和团队合作关系。由于缺乏自我反思和责任感，小华在学业和社交技能方面的发展受到限制，导致他长期依赖他人，进而缺乏独立解决问题的能力。

此外，由于自信心逐渐下降，小华在面对挑战和困难时常常感到焦虑和抑郁。他对自己的能力和价值产生怀疑，这进一步影响了他的心理健康。

讨论

引导学生进行"夺宝奇兵"游戏。

1. 游戏背景：看过《夺宝奇兵》这部电影的人一定会记得其中魔窟历险这场戏，魔窟中遍布绊网，一旦有人不小心碰到了绊网，毒箭就会从四面八方射出来。本次游戏要进行一次类似的冒险。

2. 游戏准备：一根长6米左右的绳子。如果在室外，可以选取两棵相距约5米，直径在15厘米左右的树。如果在室内，可以选两位同学牵住绳子的两端。绳子高度距离地面15厘米左右。

3. 游戏规则：请学生把系在两树之间的绳子想象成魔窟中的绊网，整个小组都要从绳子上面跨过去，而且绝对不能碰到绳子。如果有人碰到了绳子，整个小组都会被毒箭"射死"。游戏成功的条件是从绳子上面跨过去，而且不能碰绳子。如果有人在游戏过程中碰到了绳子，整个小组都必须重新开始。

4. 游戏设计：将 10~12 位学生分成一个小组，保证每组人数、性别比例、身体条件等基本均衡。每组第一位同学开始越过绳子的时候，进行计时。以最短时间全部通过的小组为优胜组，并给予一定的奖励。

评析

责任心是我们健康成长的基石，它能够推动我们不断进步。学生们在成长过程中，学会担当责任是非常重要的。当明白自己的责任，学会承担责任时，他们就会有更多的动力去前进。责任心就像是学生成长的营养剂，它帮助他们成为独立自主的人。通过本次互动交流活动，同学们能够深切感受到责任心对自己、对集体的重要性和必要性。学会约束自己，勇于承担责任，不仅能够促进团队和谐，还能够锻炼自己的领导力和使命感。

扩展习题

1. 以下哪项举措展现了青春期的责任心？（　　　）

　A. 主动沟通解决与同学之间的矛盾

　B. 无视学校的规章制度

　C. 逃避责任，让他人承担

　D. 不合理地要求他人服务自己

2. 以下哪项是青春期责任心的体现？（　　　）（多项选择题）

　A. 对父母提供的付出心存感激

　B. 尊重老师，遵守校规校纪

　C. 主动帮助年幼的弟弟妹妹

　D. 参与地球保护活动

答案：**A　ABCD**

2.6　唯一需要恐惧的是恐惧本身（适合高中生）

恐惧是我们人类共同的情感体验。它可以是对未知的恐惧，对失败的恐惧，甚至是对改变的恐惧。然而，当恐惧主宰我们的思想和行动时，我们就会陷入困境，错失机会，无法发挥自己的潜力。那么，为什么我们会害怕呢？或许是因为我们担心失败，害怕被拒绝，或者害怕面对自己的弱点。但是，如果我们一直逃避恐惧，我们将永远无法成长和进步。正如罗斯福所说："唯一需要恐惧的是恐惧本身。"我们应该勇敢地面对恐惧，克服它，从中学习，变得更强大。

1. 名人名言

请大家思考一下这些名人名言的意义，我们可以一起分享一下。

（1）"除了恐惧本身之外没什么好怕的。"——培根

（2）"人的内心隐藏有任何一点恐惧，都会使他受魔鬼的利用。"——道格拉斯·霍华德

（3）"对危险的惧怕要比危险本身可怕一万倍。"——笛福

（4）"爱之愈切，就经常会带来恐惧。"——拉伯雷

（5）"幸运并非没有许多的恐惧与烦恼，厄运也并非没有许多的安慰与希望。"——培根

（6）"一条蛇往往首先把牧人咬伤，就是因为害怕石头落到头上。"——萨迪

2. 被"吓死"的死刑犯

著名的心理学家马丁·加拉德做过一个这样的实验。一个被判处死刑的犯人，被蒙上双眼绑在一张椅子上。实验人员用冰块在他的手腕上划了一下，让死刑犯以为是被刀划破了腕动脉。随后实验人员在死刑犯的背后放了一袋水，扎了一个小孔，让水一滴一滴地落在水桶里，让死刑犯以为是自己身体中的血液一滴一滴地流淌出来。结果过了一段时间，死刑犯在持续的恐惧和心理压力下，最终因极度惊恐引发的生理反应而死亡。这个故事被用来阐述心理力量对生理状态的强大影响，强调恐惧和心理暗示的潜在致命性。

3. 社交恐惧症

（1）含义

社交恐惧症是一种在社交场合中经历强烈恐惧或忧虑的状态，可能对个体的日常生活和社会功能造成显著影响。主要表现为：

① 在社交互动前极度焦虑，可能持续回避需要与人交流的场合。在不得不参与社交活动时，表现出明显的紧张迹象，如出汗、颤抖、心跳加速等。难以维持眼神接触，可能选择低头或避开他人的视线。

② 担心被评价或害怕做出尴尬的行为，从而成为嘲笑或批评的对象。害怕在小团体中发言，担心自己的言行会引起负面评价。在演讲或表演时，可能出现极度的恐惧反应，如声音颤抖、忘词等。

（2）危害

社交恐惧症的危害包括：

① 限制个人发展与机会：社交恐惧症可能导致个体回避职业晋升的机会、教育深造或参与能促进个人成长的社会活动。

② 影响人际关系和生活质量：长期的社交回避会阻碍建立和维护亲密关系，导致孤独感和隔离感增加；严重影响个体的日常功能和整体幸福感，限制了他们享受

生活的能力。

　　③ 导致身心健康问题：因为社交恐惧症患者常感到自卑和自我价值感低下，所以可能并发抑郁、焦虑或其他身心健康问题，如头痛、胃痛、睡眠障碍，甚至可能影响免疫系统功能，降低身体对疾病的抵抗力。

互 动 交 流 ① 　未知的恐惧

　　曾经有一位女士，她对未来总是充满了恐惧和担忧。有一天，她去地窖取葡萄酒。她下了楼梯，却发现墙上钉了一枚长钉子。这个钉子让她心中涌起种种联想，她开始构思未来的场景。

　　她想象着自己即将出嫁，成为一个妻子和母亲。她会带着孩子回娘家玩耍，而孩子是个活泼顽皮的小家伙。她想象着孩子独自一人到处玩耍，无意中走进了地窖。可是，当他走下楼梯时，头正好碰到了那颗钉子，头部受伤流出了许多血。更糟糕的是，没有人知道他在地窖里，血越流越多，最终导致了他的不幸离世。

　　想到这些，女士一下子变得非常伤心，她忍不住哭了起来。

讨 论

引导学生进行以下活动：

1. 思考并讨论：这位女士的恐惧来自哪里？

2. 思考并讨论：对未来感到担心除了会给自己带来恐惧，还会带来什么？

3. 引导学生进行打败"恐惧怪兽"的游戏。

（1）给每位同学发 3 张便利贴，请同学们将自己心中害怕和担心的"恐惧怪兽"事件写在便利贴上，写清楚人物、事由、经历的过程等。每张便利贴只写一个事件即可。

（2）将全班同学写好的"恐惧怪兽"便利贴投入一个准备好的"魔法罐"中（纸盒或者塑料盒均可）。

（3）请每位同学先做几次深呼吸，调整好心态之后，从"魔法罐"中取出任意一个便利贴，大声读出上面写的"恐惧怪兽"事件，并尽自己所能提供一些有效的打败"恐惧怪兽"的方法和建议。之后将这张"恐惧怪兽"便利贴撕碎，集中回收到垃圾箱里。

（4）如果学生抽到自己写的便利贴，可以直接放回去，再抽一张别人写的。如上所示给出意见和建议。

（5）对积极参与活动，并且表现好的同学给予一定的奖励。

评析

　　人们常常对未来充满恐惧。当我们还在初中时，我们担心考不上好的高中。然后，当我们进入高中时，我们又担心不能考上理想的大学，担心要去陌生的城市读书。进入大学后，我们又开始担心能否顺利毕业并找到好工作，能否在社会上立足。但事实上，未来是未知的，我们无法预测它会怎样。而我们当下最重要的，就是做好现在的自己。通过本次互动交流活动，同学们认识到：我们应该学会享受当前的生活，而不是过度担忧未来。如果我们一直纠结于未来，我们会错过眼前的一切，会给自己带来不必要的烦恼。同时也要学习一些智慧的方法，当出现恐惧的心态时能够及时调整自己，打败心中的"恐惧怪兽"，用坚强和自信迎接学习和生活的挑战。

扩展习题

　　1. 恐惧是一种（　　　）。
　　　　A. 积极的情绪体验
　　　　B. 中性的情绪体验
　　　　C. 主动选择的行为
　　　　D. 负面的情绪体验
　　2. 恐惧可以通过下列哪种方式来应对？（　　　）
　　　　A. 向他人倾诉和寻求支持
　　　　B. 将恐惧暂时抛之脑后
　　　　C. 完全避免与令人感到恐惧的事物接触
　　　　D. 因恐惧而陷入沉默并单独应对
　　答案：**D　A**

互动交流 2　　社交恐惧症

　　小雪出生在一个普通的农民家庭，她是一个调皮捣蛋、学习成绩不好的孩子。而她的姐姐却是大家眼中的好孩子、老师眼中的好学生。这样的比较让小雪不可避免地受到亲戚朋友的责备和训斥。久而久之，这种比较和批评在小雪的心中留下了阴影。

　　在小雪的童年经历中，她变得不愿外出，躲避每一个亲人，甚至在春节的时候也害怕去给长辈拜年。她心中充满了恐惧和压抑，无法享受正常的亲情和家庭氛围。

　　在小雪14岁的时候，她开始发奋读书。她下定决心要改变自己，证明自己的价值。她努力学习，付出了比其他人更多的努力。最终，她和姐姐都成功考上了大学，而且她居然考得比姐姐还要好。小雪以为这样就可以抬起头，自豪地面对亲戚朋友了。

　　然而，当她回到家里，面对亲戚朋友的时候，童年经历过的恐惧和压抑又涌上了心头。这个心理阴影一直伴随着她，在大学的生活里也影响着她的情绪和自信。

小雪一直以来都很少和别人交流，她更喜欢独自一人默默地生活。尽管她考上了研究生，家人的态度也从训斥变成了赞扬，但小雪始终保持沉默。她渴望摆脱这种局面，但却一直没有成功。如今的小雪似乎对学习失去了热情，失去了动力，每天都像是在混日子。她感到原来父母给予她的动力，如今却变成了压力。

讨论

引导学生进行以下活动：

1. 思考并讨论：小雪该怎么面对自己的心理阴影，摆脱童年经历对她的影响？

2. 思考并讨论：在你的日常生活中，你是否曾因为害怕而错过了一些机会或者遇到了困难？

3. 引导学生进行体验式活动：假如我是一名心理咨询师。

（1）将学生 4~6 人分成一个小组。在小组内讨论小雪的案例，分析她的心理状态，找出小雪受到哪些问题的困扰，逐一列在纸上。

（2）小组成员经过头脑风暴，想出几条给小雪的建议，并且以《假如我是一名心理咨询师》为题，创作一个短剧剧本。帮助小雪克服心里的恐惧，恢复之前的良好状态。

（3）在小组内推选 2 位同学，分别代表心理咨询师和小雪。按照剧本进行排练，直到能够完整地表达出小雪的困扰以及心理咨询师的工作内容和谈话技巧。

（4）每个小组推荐的 2 位代表，在班级内进行展演。经过同学们的投票，选出 3~5 名"最佳表演者"，并给予一定的小奖励。

评析

我们应该积极面对生活，用微笑去面对每一天。要放宽我们的胸襟，丰富自己的知识，多结交朋友，不要固守自己的小圈子。要勇于说出自己的心里话和烦恼。不要给自己过高的要求，要勇敢地直面现实。要相信自己的能力，相信自己能够掌控并改变生活，也能够掌握自己的命运。通过本次互动交流活动，同学们认清了社交恐惧症的典型行为和可能造成的危害，也通过亲身体验，掌握了应对社交恐惧症的一些有效的方法，能够在今后的学习和生活中，主动为患有社交恐惧症的伙伴构建一个相对安全的环境，帮助他们逐步面对和克服社交恐惧，同时也增强了自我理解和互助精神。

扩展习题

1. 下列哪个行为可能帮助患有社交恐惧症的学生走出阴影？（   ）

A. 避免与人交流

B. 参加社交活动并逐渐扩大社交圈子

C. 把自己封闭起来躲避社交场合

D. 寻找借口拒绝参加社交活动

2. 如何帮助一个经历心理创伤的同学走出阴影？（　　　）

A. 不提及事件，避免触及痛点

B. 提供安慰和支持，并鼓励其寻求专业帮助

C. 完全忽视同学的感受，不给予关注

D. 嘲笑或批评同学的心理创伤

答案：B　B

互动交流3　源自内心的恐惧

一位心理学家带领一群学生进行一场令人兴奋的心理实验。他将学生们带到一个黑暗的房间，房间里搭建了一座特制的窄桥。

心理学家自信地问道："这里有一座窄桥，谁愿意第一个尝试走过去呢？"

学生们闻言，立刻感到一股被激发的勇气在内心涌动，他们决定接受挑战。一个个学生以从容的姿态踏上了桥梁，毫不畏惧地向前迈进。他们一步一步地稳定前行，成功地穿越了那座窄桥。

而就在学生们以为实验已经结束时，心理学家突然打开了一盏光线微弱的小灯。此时，学生们隐约看到桥下隐藏着一片漆黑的水潭，昏暗的灯光使水潭显得深不可测。

心理学家又问道："现在还有谁敢走过去？"

学生们开始犹豫起来，但大部分仍然小心翼翼地迈着步子走了过去。心理学家将灯光再次调亮了一些，这一次的灯光明亮许多，学生们看到水潭里有很多蛇，甚至还有一条眼镜蛇吐着信子，昂首盯着这座桥。学生们不禁倒吸一口凉气，心里产生了恐惧和不安。

心理学家又问道："这次还有人敢走过去吗？"

这一次，几乎没有学生再敢尝试踏上这座桥。他们开始意识到桥下的危险，担心自己的安全。

然而，心理学家却非常平静地走到了桥上，看似毫不在乎。

就在学生们困惑不解的时候，心理学家默默地打开了一盏更亮的灯。学生们这才惊讶地发现，在桥和水潭之间竟然还有一张细密的铁丝网，将水潭与他们分隔开来。

讨论

引导学生进行以下活动：

1. 思考并讨论：这个故事给我们什么启示？
2. 思考并讨论：当我们面对新鲜事物不敢尝试时可以怎么做？
3. 引导学生进行体验式互动：信任背摔。

（1）背景介绍：信任背摔是一项经典的团队建设活动，旨在通过身体上的互动建立团队成员之间的深度信任。在这个活动中，参与者需要克服内心的恐惧和不安，全身心地信任自己的团队成员，完成从高处向后倒下的动作；而团队的其他成员则必须紧密协作，确保背摔者能够安全无误地被接住。

（2）场地布置：需要一个宽敞且平坦的地面作为活动区域。为了确保参与者的安全，需要在地面上铺设软垫或气垫，以减轻任何可能的冲击。在场地的一侧，需要设置一个高度约为1.4米的背摔台，这个台子将作为背摔者进行活动的起点。

（3）角色分配：在准备工作完成后，将学生分为两组，一组为接人组，另一组为背摔者。接人组成员面对面站成两排，并交错排列他们的手臂，形成一个稳定的"人床"。背摔者需要登上背摔台，背对着团队，双脚后跟约1/3的部分伸出台面。他们需要将双手交叉于胸前或扣住后脑，以确保在倒下时能够保持身体的平衡。当背摔者准备好后，他们的身体会尽量直直地倒下，而接人组的成员则会根据先前的训练，稳定地接住背摔者，确保他们安全无恙。

（4）交流分享：每次背摔结束后，背摔者会与团队成员分享他们的感受和体验，然后进行角色轮换，让接人组的成员有机会成为背摔者，而之前的背摔者则成为接人组的一员。

评析

恐惧是我们对未知的一种防范心理，但很多时候，这种恐惧是我们自己给自己强加的。它就像是一个可怕的大魔头，不论以何种形式呈现，只要我们以勇气、自信和希望去面对，它都无法阻挡我们前进的步伐。我们应该掌握自己的命运，而不是被恐惧所控制。通过本次互动交流活动，同学们认识到：与其让恐惧束缚我们，不如勇敢地挑战恐惧。在我们直面恐惧后，就会发现恐惧原来并没有那么可怕。

扩展习题

下列哪个观点可能会加剧恐惧心理？（　　　）
　　A.认识到恐惧是一种自然的反应，人人都有恐惧的时候
　　B.相信自己可以通过努力克服恐惧
　　C.带有否定和悲观情绪的内心对话
　　D.寻求专业帮助和支持
答案：C

2.7 悲伤是一种成长的机会（适合高中生）

在成长过程中，我们难免会经历一些让我们感到悲伤的时刻。这些悲伤可能来自失去亲人、面临挫折、遭受背叛，或是其他种种原因。悲伤让我们感到心痛和无助，但是，我们是否曾想过，悲伤也是一种成长的机会呢？

当我们面对悲伤时，我们经历了一次心灵的洗礼。我们会思考，我们真正重视什么，我们对生活的态度是什么，我们如何应对困难和挫折……悲伤使我们更加珍惜身边的人和事物，让我们明白生命的脆弱和宝贵。它促使我们成长，变得更加坚强和成熟。在本节的班会中，我们将一起探讨悲伤的意义和它给我们带来的成长机会。

1. 名人名言

请大家思考一下这些名人名言的意义，分享一下自己的感受。

（1）"我思故我在。"——笛卡尔

（2）"越是缺少担负悲哀的勇气，悲哀压在心头越是沉重。"——莎士比亚

（3）"多愁善感，是用你自己并不真正有的感情消耗你自己。"——劳伦斯

2. 心理韧性

心理韧性是指个体在遭遇压力、挑战、逆境或重大生活变故时，能够保持或迅速恢复到正常心理功能水平的能力。它体现为个体在面对不利条件时，不仅能够承受打击，还能从中学习、成长并适应新环境。心理韧性并非指免受伤害，而是指在经历困难后仍能保持积极态度和功能运作的能力。较强的心理韧性，能够帮助人们在生活压力、职业挑战、人际关系冲突中保持平衡。

提高心理韧性的方法和策略包括：

（1）认知重塑：通过认知行为疗法等技术，改变对逆境的消极认知，培养乐观思维。

（2）情绪调节：学习有效的情绪管理技巧，如深呼吸、正念冥想，以积极方式应对情绪波动。

（3）目标设定与问题解决：设定实际可行的目标，采取适当的策略，逐步克服困难。

（4）社会支持：建立和维护良好的人际关系，寻求家人、朋友或专业人士的支持与帮助。

（5）自我效能感提升：通过成功的积累，增强对自己解决问题和应对挑战的信心。

（6）灵活性与适应性：培养在不同情境中灵活调整策略和行为的能力，提高适应环境变化的速度。

（7）身心锻炼：规律的身体锻炼和健康的生活习惯有助于提高身体素质，同时也有利于心理韧性的发展。

互动交流 1　坚持和勇气的重要性

乔安娜·凯瑟琳·罗琳出生于英国的一个小镇，其外貌并不出众，家庭也平凡无奇。然而，她的想象力却异常丰富。长大之后，她依然默默无闻，并在一所普通的大学接受教育。值得一提的是，在求学期间，罗琳常常喜欢去图书馆翻阅童话书籍，这进一步激发了她的创作灵感。

25 岁的时候，罗琳前往幻想色彩浓厚的葡萄牙寻找生活机遇，并找到了一份英语教师的工作。与此同时，她邂逅了一位年轻的记者，二人的感情迅速升温，并步入了婚姻的殿堂。然而，这段幸福生活转瞬即逝。丈夫无法忍受罗琳奇思妙想的个性，于是两人的婚姻宣告破裂，罗琳独自抚养女儿。

受到不幸婚姻的打击，罗琳失去工作，被迫返回英国，并仅能依靠社会救济金勉强维持日常生活。尽管生活充满挫折和艰辛，但罗琳始终怀揣着希望，一直不放弃自己的梦想，在童话世界里寻求避风港。这天，罗琳领取完救济金，在冰冷的椅子上等待地铁时，突然一个灵感涌上心头。她立即设想了一个童话人物形象。回到家后，她迅速拿出稿纸，开始进行创作。如此一来，创作的火花愈发燃起。

几个月后，罗琳成功完成了她的第一部作品《哈利·波特与魔法石》，这是整个"哈利·波特系列"的开端。在她找了多家出版社后，这部作品终于面世。上市后《哈利·波特与魔法石》立即成为全国畅销书，并迅速风靡全球。

凭借"哈利·波特系列"，罗琳一举登上英国《企业家》杂志"在职妇女收入榜"榜首，并在《福布斯》杂志评选的"全球最有权力百位名人"中名列第 25 位。

讨论

引导学生进行以下活动：

1. 思考并讨论：在婚姻破裂后，罗琳经历了许多困难和挫折，但她从未放弃自己的梦想。她的坚持和勇气在她的创作生涯中发挥了什么样的作用？

2. 思考并讨论：你认为什么是悲伤？它与我们的成长有何关系？

3. 引导学生进行体验式活动：给罗琳女士的一封信。

（1）以"我"的口吻，给罗琳女士写一封信，可以围绕"如何调整心态"的主题展开，字数不限。

（2）同学两两一组，交换彼此的信件。仔细阅读后，在信纸的背面（也可以加页），以"罗琳女士"的口吻写一封回信，结合同学们提出的问题和困惑进行解答，提出切实可行的意见和建议。

（3）班级推选数位有代表性的来信和回信进行分享。帮助更多的学生理解悲伤的意义和价值，关注自身心理韧性的培养，增强勇气和信心。

评析

生活中总有很多事情是无法预料的。过去的昨天已经逝去，即使再感到悲伤，也无法重来一次。比起沉浸在过去的痛苦中，我们更应该改变自己的心态，将希望寄托在明天，坚定自己的信念，充满对未来的期待。毕竟，人生的价值在于树立信念并努力追求。无论昨天多么悲伤，我们仍然要对明天充满希望，用希望这盏"明灯"照亮悲伤的"黑暗"。通过本次互动交流活动，同学们对未来充满期待，深信坚持不懈地努力能获得更好的机遇。

扩展习题

1. 当面临困难时，以下哪个是正确的处理方式？（　　）
   A. 迅速放弃　　　　　　　　　　B. 调整心态
   C. 过度自责　　　　　　　　　　D. 将问题归咎于他人
2. 在面对失落和挫折时，应该如何调整自己的心态？（　　）
   A. 纠结于失去的事物，无法释怀
   B. 尽情地发泄
   C. 接受不可更改的事实，寻找新的机会
   D. 没有必要调整心态，让时间慢慢疗愈
   答案：**B　C**

互动交流 2　学会寻找希望

王强一直梦想着成为一名成功的企业家，他坚信自己可以通过努力和奋斗实现自己的人生价值，并为社会作出贡献。怀揣着这个梦想，他毅然离开了家乡，前往外地经商。

经过 5 年的辛勤努力，王强终于取得了巨大的成功。他的店铺每天都有络绎不绝的顾客，营业额名列前茅。他的努力得到了回报，他的生活也变得富足和充实。

然而，命运的捉弄让他遭遇了一场毁灭性的大火。他经营多年的店铺被烧得精光，所有的心血和努力瞬间化为灰烬。王强一下子失去了一切，他变得一无所有。面对这种巨大的打击，他心灰意冷，陷入了沮丧和绝望之中。他每天唉声叹气，觉得命运对自己不公，认为自己以后还会遭遇更多的挫折。

绝望的情绪逐渐侵蚀着王强的心灵，他决定来到山崖边，想要结束自己的生命。然而，当他来到山崖顶端时，他惊讶地发现早有一位年迈的老人也在那里徘徊。老人走来走去，显得犹豫不决。

好奇心驱使着王强走向老人，他问老人为什么在这里独自徘徊。老人悲伤地说道："我的家庭曾经幸福美满，我妻子和儿子都是我的骄傲。然而，几年前我得了一种罕见的怪病，很多名医束手无策。为了治好我的病，我们的家庭陷入了贫困。为了支付医疗费用，妻子和儿子每天都过着节衣缩食的日子。我现在成了家里的累赘，我要是死了，他们就过得轻松了。"

听了老人的话，王强突然意识到原来这个世界上还有比自己更命苦的人。这时，有一个拄着拐棍的乞丐向他们走来。虽然他身体摇摇晃晃的，但却非常开心地朝山上走去，看起来像是来山上游玩的。乞丐看到他们两个人，非常高兴，就在他们身边坐下来，擦了擦脸上的汗，说："今天天气真好啊！你们两位的兴致真高，这么早就来山上游玩了！"这时他们才发现，原来乞丐只有一条腿和一只胳膊。可以想象，乞丐爬山的时候一定非常辛苦。

王强心里感叹道：虽然我失去了5年积累的财富，但我的身体还很健康，可以重新开始。那位老人虽然生病，但他的家人非常关心他。相比之下，这个乞丐残疾、没有亲人和财富，却过得很自在。想到这里，王强对老人说："我不会选择自我毁灭，我想要继续活下去。我们两个都不是最不幸的人，比我们更不幸的人都没有放弃生活，我们更应该坚持下去。"老人听后表示同意，于是他们一起离开山顶，准备重新面对挫折，开始新的生活。

讨 论

引导学生进行以下活动：

1. 思考与讨论：这个故事给你什么样的启示？
2. 思考与讨论：对于我们来说，克服悲观消极思想的方法有哪些？
3. 引导学生进行体验式活动：翻越"毒叶"，绝处逢生。
（1）提前准备几块毯子或者报纸，展开铺在地上，象征着"毒叶"。
（2）将学生分组，每个小组的成员不多不少刚好能够站满"毒叶"。
（3）在规定的时间内，鼓励学生通过相互合作，成功将"毒叶"翻面，但是在翻面的过程中，任何人双脚不能同时离开"毒叶"，否则视为犯规，需要重新开始计时。
（4）学生交流分享在翻越"毒叶"时的心理感受，思考获得成功最关键的环节是什么，对今后的学习和生活有什么启发。

评 析

生活中充满了各种酸甜苦辣，当遭遇挫折时，不妨多想想那些不如自己的人，改变自己的悲观想法，让笑容和努力成为我们面对生活的武器。当我们努力争取成功和幸福时，所有的怨天尤人都变得微不足道。通过本次互动交流活动，同学们能够以平和的心态对待生活中的创伤和不幸，增强心理韧性，采用积极的心理学方法，在团队的支持下逐渐走出低谷，迎来充满希望的明天。

扩 展 习 题

1. 你正在经历一段低落的时期，以下哪项行为可能有助于渐渐摆脱悲观情绪？
（　　）

    A. 将自己孤立起来，避免参加社交活动

    B. 通过运动来释放压力

    C. 沉迷于电子设备和手机游戏

    D. 每天都重复思考问题的根源

2. 以下哪种态度更有助于改善悲观情绪？（　　）

    A. 相信事情永远不会好转　　B. 坚持寻找挑战中的机会

    C. 完全依赖他人解决问题　　D. 不断回忆过去的失败经验

答案：B　B

第三章 社交艺术

3.1 主动是获得友谊的良方（适合小学低年级）

想象一下，当你来到一所新学校或者一个新班级的时候，你可能会感到有些陌生和不安。在这个时候，主动就变得尤为重要了。如果你坐在教室里只默默地等待别人来和你交流，可能很长时间都没有人过来与你说话，这样你会感到孤单和无助。但是，如果你主动走向别人，微笑着和他们打招呼，询问他们的名字和兴趣爱好，那么你将会给人一个友善和热情的印象。通过主动去交流，你可以迅速结识更多的朋友，建立起美好的友谊。这种主动的行为能够拉近你和他人的距离，让大家更容易产生共鸣和互动。

请大家思考一下这些名人名言的意义，分享一下自己的感受。

（1）"凡是成就大事业的人，不仅善于抓住机会，而且善于创造机会。"——大卫·洛克菲勒

（2）"我们所知道的最好、最可靠、最有效而又最无副作用的兴奋剂是社交。"——爱默生

（3）"行动胜于空谈。"——托马斯·杰斐逊

（4）"雪中送炭，贵在真送炭，而不是言语劝慰。炭不贵，给的人可真是不多。"——三毛

（5）"要像蜂房里的蜜蜂和土窝里的黄蜂那样，聪明人应当团结在一起。"——高尔基

互动交流 1 主动的关心

有一天，西班牙伟大的画家毕加索去理发店剪头发。那天天气异常寒冷，还下着雨。毕加索走进理发店时，冷得直打哆嗦。这时，一个名叫阿里亚斯的年轻理发师认出了这位著名的画家。他关切地上前说："先生，您穿得太少了，天气这么冷，会生病的。

如果您不嫌弃，我可以借您我的衣服。"听到理发师的关切，毕加索非常感动，于是他们开始聊了起来。毕加索很喜欢这里的服务，从那以后，他每次都会特意来这家理发店。他们渐渐成了好朋友。

富有的毕加索经常邀请阿里亚斯去他家做客，有时甚至让阿里亚斯在他的画室里给他理发。毕加索对阿里亚斯非常慷慨，甚至送给他一辆轿车作为代步工具。尽管他们年龄相差28岁，但他们的友谊逐渐变得深厚，阿里亚斯时刻维护他这位好朋友的名誉，不允许任何人诋毁或攻击毕加索。毕加索去世后，给阿里亚斯留下了50幅画作，但阿里亚斯选择将这些画作全部捐赠给博物馆。

阿里亚斯结交世界闻名的大画家毕加索，是因为他表达了一句关切的话语。如果当时阿里亚斯因为怯于和毕加索交流，自以为大画家不会注意到一个普通的理发师，那么他很可能就不会成为毕加索的好朋友，这段珍贵的友谊也不会产生。

讨 论

引导学生进行以下活动：

1. 思考并讨论：阿里亚斯和毕加索成为朋友的关键是什么？

2. 引导学生进行游戏：合作拼图。将一幅图片或拼图分成几块，每个学生得到其中的一块。然后，学生需要主动寻找其他同学，通过交流与合作将拼图拼接在一起。这个活动鼓励学生们主动与他人合作，建立友谊并培养团队合作精神。

评 析

想要结交朋友，积极主动是非常重要的，被动消极地等待很少能有结果。当我们积极主动时，我们展示了自己的真诚和友善，向他人传递了我们想要建立联系和友谊的意愿。通过本次互动交流活动，同学们能够意识到，如果想和别的同学交朋友，我们可以主动与别人打招呼、主动参与社交活动、主动与人交流、倾听他们的需要并表达自己的关心。通过这些主动的行为，我们能够吸引他人的注意，并有机会与他们建立深厚的友谊。

扩 展 习 题

1. 主动与他人建立友谊的关键在于（   ）。

    A. 诚实和善良   B. 饶有趣味和幽默感

    C. 富有钱财   D. 出类拔萃的智力和才能

2. 当你想交朋友时，最好的方式是（   ）。

A. 坐在角落里等待别人来找你

B. 积极参与他人的活动并展示友好态度

C. 只与那些与你兴趣相同的人交往

D. 刻意回避与别人建立友谊

3. 你注意到一个新同学看起来很孤单，你应该（　　　）。

A. 忽视他，因为你已经有足够的朋友了

B. 跟他开玩笑，引起大家的注意

C. 主动走过去与他交谈，并邀请他加入你的朋友圈

D. 让其他同学处理这个问题

4. 在与朋友相处时，你应该（　　　）。

A. 只关注自己的需求和兴趣

B. 善待他们并尊重他们的个人空间

C. 对他们实施权力支配和控制

D. 把他们当成可替代的工具

答案：**A　B　C　B**

互动交流 2　　如何主动社交？

　　威尔的爸爸是一位安静、个性内向的计算机编程员，平时他忙于工作，只有别人主动接近他时才会有互动。通常情况下他喜欢独处，这让他感觉更自在。与他相似的是，他 12 岁的儿子威尔也有同样的倾向。威尔不太擅长与人交谈，当他接触到一个团体或者结交新朋友时，他更愿意在旁边观察而不是积极参与。为了帮助威尔更好地适应与其他孩子相处，他的妈妈多年来一直尽力引导他参加社交活动。她经常带威尔参加各种聚会，希望通过这样的方式帮助他。然而，随着威尔的成长，他的妈妈无法再为他拓展社交圈子，也不能像以前那样给邻居的小孩打电话邀请他们来家里玩了。

　　威尔只有在不需要说太多话的情况下，例如玩计算机游戏或下象棋的时候才会感到自在。如果有人要求他不停地说话，他就会感到很不舒服。他好像不知道接下来该说些什么，只会用简单的"是"或者"不是"来回答问题，导致谈话无法进行下去。威尔不会主动邀请别人加入谈话，也不会主动提出问题。他总是等待别人来问他问题。他只有几个一起玩计算机游戏的朋友，但他们在一起时也很少进行沟通。他告诉父母，他对目前拥有的友谊感到很满意，喜欢自己一个人消磨时间。他觉得自己并不需要更多的朋友。但实际上，威尔内心深处也渴望与他人有深入的交谈。

　　威尔的爸爸觉得妈妈对儿子的社交风格有点反应过激。他认为他们父子俩很像，而且现在个人和事业都发展得很好，所以并不需要太多的社交。然而，妈妈担心威尔没有学习到在生活中与他人交往所需的技巧。她认为社交是一项重要的人际交往能力，

对儿子的未来发展也非常重要。

讨论

引导学生进行以下活动：

1. 请学生说一说，如何帮助威尔变得更加活泼开朗。

2. 引导学生进行体验式活动：星语流转。

指导语："亲爱的同学们，大家好！欢迎大家来到'星语流转'游戏！在这个游戏中，我们的核心任务是通过流畅且富有深度的对话，为这个无形的容器里注入熠熠生辉的星星。记住，每一次的对话交流，无论是分享想法、提出问题还是探讨观点，都是我们团队宝贵的财富。请确保你们在发言时，不仅与当前的讨论主题紧密相连，更展现出你们的独特创意和思维火花。同时，请务必认真倾听每一位伙伴的发言，尊重他们的观点和感受，因为每一次的交流都是建立在我们相互理解和尊重的基础之上。现在，让我们携手开始这场充满智慧与默契的旅程吧！"

游戏准备：

（1）在桌子的中央放置一个透明容器，并准备好足够的星星作为游戏奖励（可以用小纸片、豆子等代替）。

（2）所有参与者围坐一圈，确定一位同学作为首位发言者。

游戏过程：

（1）首位发言者提出一个话题（例如"你最喜欢的旅行目的地是哪里？"），并放入两颗星星作为开场奖励。

（2）下一位参与者需回答问题并接着提出一个相关的新问题，同时放入一颗星星。

（3）游戏按顺时针或逆时针方向进行，每一位参与者需要保持话题连贯性，每次发言后均需投入一颗星星。

如果有人成功引导话题深入或引起共鸣，那么额外奖励两颗星星放入容器中，鼓励创造性思考和深入交流。

游戏规则：

（1）若有任何打断、插话或偏离话题的行为，需从容器中移除一颗星星作为惩罚。

（2）如果发现冷场或话题难以继续，那么当前发言者可以选择"求助"一次，邀请任意一位同学帮助接续话题，但不额外奖励星星。

游戏结束：

（1）设定一个时间限制（如15分钟），时间到时，统计容器中的星星总数。

（2）宣布团队总成绩，并简短讨论游戏过程中的亮点与改进空间。

（3）可以将累积的星星数转换为小奖励或积分，用于团队内的其他活动。

评析

主动参与社交活动可以帮助孩子们扩展社交圈子，增加与他人的接触机会。本次互动交流活动，激发了同学们主动参与游戏的热情。他们认识到，与不同的人交往，应学会尊重和理解他人的观点，培养包容性和合作精神。此外，社交还可以提供机会，让孩子们锻炼社交技巧，如主动与人交流、提问、倾听和表达自己的想法，锻炼思维敏捷性和语言表达能力。

扩展习题

1. 青竹是一个内向的孩子，经常因为害怕说错话而不敢与同学互动。下面哪个方法可以帮助青竹主动融入集体？（　　）

　　A. 鼓励青竹独自完成班级任务，减少与他人合作的机会

　　B. 组织班级讨论和小组活动，促进同学之间的交流

　　C. 批评青竹害羞的行为，逼迫他与同学互动

　　D. 忽略青竹的存在，让他自己调整情绪

2. 当你和同学发生误会时，以下哪种做法是正确的？（　　）

　　A. 直接责备对方，并表达自己的不满

　　B. 冷漠地忽视误会，不加理会

　　C. 主动沟通解释，并寻求解决办法

　　D. 完全依赖他人，找其他人来帮自己解决问题

答案：**B　C**

3.2 礼貌不用花钱，却能赢得一切（适合小学低年级）

礼貌是社交的阳光，它能温暖我们的心灵，让我们与他人建立起密切的联系。礼貌不仅仅是一种为了应对特定场合而表现出来的举止，更是一种内在的修养和道德底线。它是我们待人接物的基本准则，无论是在学校、家庭还是社会中，都起着至关重要的作用。那么，你们可能会有疑问，为什么礼貌能够赢得一切呢？让我们来想一想：当我们面对一个彬彬有礼、尊重他人的人时，我们内心会产生什么样的情感？我们会感到愉悦、舒适，以至对他产生好感。这种好感不仅仅停留在表面，而是真实地影响了我们对他人的印象和态度。一个没有礼貌、不尊重他人的人往往让我们产生反感和厌恶的情绪。通过礼貌的举止，我们能够树立起良好的形象，获得他人的认可和尊重。同时，礼貌也促进了和谐的人际关系，增进了团队合作，并有助于友谊的建立。无论是面对同学、老师还是家人，我们都需要以礼貌为基础，展示出我们积极向上的一面。

在我们探索礼貌这个主题的同时，我想与大家分享一些名人名言，这些名言可以给我们启发和思考。我们可以一起分享一下。

（1）"品德，应该高尚些；处世，应该坦率些；举止，应该礼貌些。"——孟德斯鸠

（2）"不学礼，无以立。"——孔子

（3）"礼貌是有教养的人的第二个太阳。"——赫拉克利特

（4）"礼貌经常可以替代最高贵的情感。"——梅里美

（5）"礼节礼貌是琐事中的善行。"——小威廉·皮特

互动交流 1 微笑的力量

在日本保险业，有一个令人惊叹的故事。原一平，一个身高只有 1.45 米的年轻人，他又小又瘦，看起来似乎缺乏吸引力。然而，他却成了日本保险业连续 15 年全国业绩第一的"推销之神"。他的成功秘诀在哪里呢？就是他那"值百万美金的微笑"。原一平深知微笑可以打通陌生人之间的隔阂，于是他开始运用微笑来接触客户，展示他的真诚和友善。

在推销的过程中，他发现微笑是传递友善的一种捷径。微笑具有感染力，它可以勾起对方的笑容并让对方感到快乐；微笑可以轻易地消除陌生感和隔阂，让对方心情开朗；微笑是建立信任关系的第一步，它能创造心灵之间的友谊；微笑可以激发工作热情，提高工作效率；微笑可以消除个人的自卑感，弥补不足之处；微笑能够促进健康，增强活动能力。他认为如果能熟练运用各种微笑，就能深入洞察对方的内心世界。

原一平相信，婴儿般天真无邪的笑容是最具魅力的。他意识到这一点后，便决定花费大量时间来练习笑容，直到他在镜子中看到自己的笑容即纯真又具有感染力时才停下来。当他带着这样的微笑去推销保险时，他发现很少有人会拒绝他。

讨论

引导学生进行以下活动：

1. 请同学们说说在什么情况下应该微笑。

2. 引导学生思考并讨论：你有没有通过微笑来表达感谢或道歉的经历？可以分享一下吗？

3. 组织学生们制作微笑感谢卡片，写下一些感谢的话语，并配上微笑的表情。然后，学生们可以将卡片送给老师、同学或家长。

评析

　　保持微笑的表情和谦和的面孔，是我们展示真诚和守礼的重要途径。微笑不仅仅是一个简单的表情，它是我们与他人有效沟通的桥梁，也是人际关系中的磁石。有时候我们无法用口头的方式来表达谢意，所以我们会用微笑和点头来表示对他人的感激。你可能见过你的父母在开车时这样做。当其他司机让你们的车先走时，你的父母可能会向对方挥手并微笑。他们挥手的意思就是说"谢谢"。即使你不能大声地说出"谢谢"，你可以通过身体语言来表达感激之情。一个微笑、一个点头、一个挥手，即使隔着一段距离，也能传达出你的感激之情。通过本次互动交流活动，同学们认识到微笑的重要性，并且能够用恰当的方式表达自己的善意。

扩展习题

　　1. 为什么微笑对于与他人建立友好关系很重要？（　　　）
　　　　A. 因为微笑可以使人感到开心和受欢迎
　　　　B. 因为别人喜欢看到你微笑
　　　　C. 因为微笑可以传递友善和善意的信息
　　　　D. 以上所有选项都正确
　　2. 微笑是一种（　　　）。（多项选择题）
　　　　A. 礼貌　　　　　　　　　　　B. 表达善意的方式
　　　　C. 社交技巧　　　　　　　　　D. 沟通方式
　　　　答案：**D　ABCD**

互动交流 2　学会尊重他人

　　小兰是一个漂亮可爱的小女生，不仅成绩优秀，家庭条件也很好。从小开始，小兰就穿着各种名牌衣服长大。在学校里，小兰是班级里的文艺骨干，同学们都把她当作小明星看待；在家里，小兰更是父母的宝贝，集万千宠爱于一身。

　　然而，在这样的环境下，小兰开始自命不凡。她变得有些狂妄自大，骄傲的情绪不断膨胀。她总是找机会来显摆自己，同时贬低他人，以此来证明自己的优越感，这让其他同学都非常不喜欢她。

　　有一天，一个同学问小兰一个问题。小兰大声回答："你真笨啊，连这个问题都不会，真是笨死了。"听到这样的回答，那个同学生气了，说："你怎么这么没礼貌，我只是问了个问题而已，你竟然这样不尊重别人。难怪大家都不喜欢你，你真讨厌！"然后，那个同学生气地把作业本从小兰手中抢回去离开了。班里的其他同学也开始责备小兰，有些同学还开玩笑地说："你以为你是谁啊？有什么了不起的？"小兰被气得大哭起来。

后来，班上开始进行班长的选举，以往小兰一直都是班长。然而这一次，她却意外地落选了，而且是以惨败的方式，没有一个同学投票给她。小兰看着其他几名竞选人的名字下面都画着计票的标记，而自己的名字下面却一片干净，没有任何标记，她感到非常尴尬和失落。

回到家里，小兰伤心地哭了起来，她连晚饭都吃不下去。她不停地说着："为什么他们不选我？明明我比他们更有能力，为什么他们不看重我？"

小兰的爸爸听了小兰的讲述后，意识到她有一些问题。他明白孩子有些骄傲，没有礼貌，还总是看不起同学，这样怎么会受到同学们的喜欢呢？他很有耐心地和小兰一起分析原因，并指出了小兰的一些毛病。小兰听完后感到非常羞愧，她低下了头。

讨 论

引导学生进行以下活动：

1. 请同学们说说常见的礼貌用语有哪些。

2.《给小兰的一封信》

（1）将学生 4~6 人分成一个小组。给每个小组发放一盒彩笔，每位同学发一张卡片。

（2）请每位同学用自己喜欢的方式给小兰写一封信，可以用文字，也可以用图画等。帮助小兰分析一下问题的原因，并且提出一些具体的、可行的建议，帮助小兰让同学们重新喜欢她。

（3）在小组内分享每位同学写给小兰的信，评选出本组最真诚的一封信、最有效的一封信和最感人的一封信。

（4）将各个小组推荐出来的信进行汇总、改写，形成代表班级同学的《给小兰的一封信》，张贴在班级宣传栏内。

评 析

在社会生活和人际交往中，我们应该尊重他人，不应该因为家庭背景、外貌、成绩等而看不起别人。通过本次互动交流活动，同学们认识到礼貌对良好的人际关系和团队氛围的重要性。我们应该尊重他人和欣赏他人的长处，并给予他们应有的尊重和关心。

扩 展 习 题

1. 在与他人交谈时，以下哪种做法能够更好地展示你的尊重和关心？（   ）

A. 不发表意见，只听对方说话

B. 不回答对方的问题，直接切换话题

C. 保持良好的姿势和眼神接触

D. 不听对方说话，只关心自己的话题

2. 如果你不同意一个人的观点，你应该怎么做？（　　　）

   A. 大声表达你的不同意见

   B. 视而不见，不做任何回应

   C. 尊重对方的观点，礼貌地提出你的看法

   D. 开始争吵并试图说服对方

3. 当与他人交谈时，以下哪种行为是不礼貌的？（　　　）

   A. 中断对方的发言　　　　　　　　B. 注意倾听对方的观点

   C. 尊重他人的意见　　　　　　　　D. 保持良好的眼神接触

4. 当你想进入别人房间时，应该（　　　）。

   A. 大声打招呼　　　　　　　　　　B. 不用理会，直接走进去

   C. 轻轻敲门并等待回应　　　　　　D. 直接开门并进入

5. 当别人给你礼物时，你应该（　　　）。

   A. 抱怨这不是你想要的礼物　　　　B. 高兴地接受，无论它是什么

   C. 拒绝礼物，因为你不喜欢它　　　D. 表示感谢，并说真实的心里话

6. 当你为别人做了一件好事，他们对你表示感谢的时候，你应该说（　　　）。

   A. 谢谢　　　　　　B. 你好　　　　　　C. 再见　　　　　　D. 不客气

7. 当早上见到同学时，你可以说（　　　）。（多项选择题）

   A. 早上好　　　　　B. 早安　　　　　　C. 再见　　　　　　D. 中午好

答案：C C A C D D AB

3.3　用心倾听是沟通的开始（适合小学高年级）

本节班会的主题是"用心倾听是沟通的开始"。在日常生活中，我们经常会遇到各种交流和沟通的场景。无论是与家人、朋友、老师，还是与同学之间的交流，任何有效的沟通都离不开用心的倾听。

想象一下，如果我们在聊天时只顾自己表达，而不去倾听对方的想法和意见，这样的交流又能起到什么作用呢？在班级里，每个人都有自己独特的经历、思考和见解，只有通过用心倾听，我们才能更好地了解彼此，激发出更多的灵感和创意。同时，倾听也是一个学习的过程。通过倾听他人的观点和意见，我们可以拓宽自己的视野，听到不同的声音，获得更广阔的知识和信息。

所以，用心倾听是沟通的开始。在我们的班级里，让我们从现在开始，注重倾听他人的声音，关心他人的感受，真正地与他人进行有效的交流。通过用心倾听，我们将形成更好的班级氛围，提升彼此之间的沟通效果，培养团结精神。

在我们探索用心倾听这个主题的同时，我想与大家分享一些名人名言，这些名言可以给我们启发和思考。请大家思考一下这些名人名言的意义，你们对这些名言有什么理解？我们可以一起分享一下。

（1）"谈论是知识的领域，倾听是睿智的特权。"——霍姆斯

（2）"最完美的交谈艺术不仅是一味地说，还要善于倾听他人的内在声音。"——莎士比亚

（3）"耳朵是通向心灵的路。"——伏尔泰

（4）"只愿说而不愿听，是贪婪的一种形式。"——德谟克利特

（5）"要做一个善于辞令的人，只有一种办法，就是学会听人家说话。"——莫里斯

互动交流 1　倾听比说话更重要

蒙娄初是一名受柯立芝总统之命，前往墨西哥的新任公使。但是对一个刚上任的新官来说，这确实是一件苦差事，因为之前有位美国知名人士说过："墨西哥是美国最疼痛的一个'手指头'，到那儿做公使，是再麻烦不过的事了。"蒙娄初深感压力，他知道与墨西哥总统卡尔士的第一次会面至关重要。他需要取得成功，让自己和美国都能从中受益。为此，他制定了一套策略。在会见的第二天，卡尔士对一位朋友说："新任的美国公使真是一位口才了得的人啊！"

实际上，在与墨西哥总统会谈时，蒙娄初并没有提及公使应该提到的重要政治事件，而是顺便品尝了一些面包和菜品，还夸赞了当地厨师的烹饪技艺。随后，他请卡尔士总统谈论墨西哥的现状，了解墨西哥内阁对国家发展的新举措，询问总统自己是否有任何计划，并询问他对未来形势的看法。

蒙娄初使用的策略非常普通。他说这些话只是为了让卡尔士总统感到轻松和愉快。他鼓励卡尔士总统发表自己的见解，让他先开口说话，而自己则专心倾听。在这个过程中，他表现出对对方的兴趣并表示尊重，从而提升了对方的自尊心和自信心。

讨论

引导学生进行以下活动：

1. 思考并讨论：蒙娄初是如何与墨西哥总统进行沟通的？他使用了什么样的策略才使墨西哥总统卡尔士对他留下了如此美好的印象？

2. 思考并讨论：你认为倾听与说话相比，哪个更难做到？为什么？你觉得自己在

哪个方面可以做得更好呢?

3. 引导学生进行体验式活动: 连环叙述——未完的故事。

指导语:"亲爱的同学们,接下来我们要一起进入一个奇妙的旅程'连环叙述——未完的故事'。在这个游戏中,我们将共同编织一个独一无二的故事。我会先开始,然后轮流由你们每个人来接力。记住,仔细倾听前面的同学说了什么,这将是你们继续故事的魔法钥匙,不要害怕创新,让我们看看这个故事能带我们飞向何方。准备好了吗?让我们开始这段不可思议的冒险吧!"

游戏准备:

（1）选择或创作一段简短且具有开放性结局的故事开头,确保故事有足够的想象空间供续编。

（2）学生围坐成一个圆圈,确定好讲述故事的顺序,通常由老师或随机挑选的学生开始。

游戏过程:

（1）老师或第一位学生开始讲述故事,大约讲到一个关键点或悬念处暂停。

（2）根据顺时针或逆时针的顺序,下一位学生继续讲述故事,该学生需基于前面的内容合理推进情节,可以添加新角色、情节转折等。

（3）游戏依次进行,每位学生在接龙中都有机会贡献自己的段落,直至故事达到一个自然的结尾或在设定的时间结束。

游戏规则:

（1）每位学生在讲述前需简短复述上一位学生的情节要点,以确保故事的连贯性。

（2）鼓励创意和多样性,但避免情节过于突兀或与整体风格不符。

（3）如出现偏离主线过远的情况,可由全体学生投票决定是否调整方向或回归原轨。

游戏结束:

（1）讨论故事的最终形态,每位学生分享自己最喜欢的部分及原因。

（2）反思游戏中倾听与表达的经验,讨论如何在日常交流中更好地应用这些技巧。

评 析

当我们读成功者的传记时,我们会发现很多成功者都受益于倾听策略。在他们取得成功的过程中,倾听别人说话起到了重要的作用。这就是说,他们懂得倾听他人的意见、建议和经验,从中获益良多。通过本次互动交流活动,同学们认识到学会倾听别人说话也是非常重要的。通过认真倾听,我们可以学到更多的知识,拓宽我们的视野,并且建立更好的人际关系。所以,不要忽视倾听的力量,它能够为我们的成长和成功带来很大的帮助,倾听不仅是获取信息的过程,更是理解和尊重他人想法的基础。

扩展习题

1. 倾听在沟通中的作用是什么？（　　　）
    A. 帮助我们更好地表达自己的观点　　　B. 增加幽默感和娱乐性
    C. 帮助我们理解他人的观点和感受　　　D. 降低社交的重要性

2. 倾听可以建立什么样的关系？（　　　）
    A. 敌对和冲突的关系　　　　　　　　　B. 信任和尊重的关系
    C. 不关心和漠视的关系　　　　　　　　D. 威胁和恐惧的关系

3. 倾听可以避免什么？（　　　）
    A. 没有朋友　　　　　　　　　　　　　B. 误解和冲突
    C. 孤独和孤立　　　　　　　　　　　　D. 学习和成长的机会

4. 倾听需要展示出哪些态度？（　　　）
    A. 不耐烦和冷漠　　　　　　　　　　　B. 关心和尊重
    C. 傲慢和自大　　　　　　　　　　　　D. 忽视和沉默

答案：**C　B　B　B**

互动交流 2　倾听的方式

很久以前，有一个国王想测试邻国的国王和人民是否聪明和具有辨别力。于是，他派人将 3 个黄金塑造的人像送到邻国去。这 3 个金像外观完全一样，甚至重量也完全相同。国王想让邻国的国王判断哪个金像更有价值。

邻国的国王召集了所有的大臣，大家仔细观察了这 3 个金像，但无论怎么看都看不出它们有什么不同。甚至这个国家最聪明的人也无法解开谜团。整个国家的人民都参与了这个问题的讨论，但没有人能够明确答案。这让国王感到非常尴尬和失望。

就在大家都认为没有解决办法的时候，一位被关押在监狱里的年轻人托人向国王传达了一条信息。他说，如果给他看一看金像，他就能够分辨出它们的价值。国王决定给这个年轻人一个机会，将 3 个金像交给了他。年轻人仔细观察了每个金像，他发现每个金像的耳朵上都有一个小孔。他要求拿来一根极细的银丝，并将其从金像的耳孔穿过。这时，年轻人发现了金像的不同之处。

第一个金像，从耳朵里穿进去的银丝从嘴里钻了出来；第二个金像，银丝从一边耳朵穿入，从另一边耳朵钻出；第三个金像，银丝从耳朵穿入，从肚脐眼钻出。年轻人思考了一会儿，对国王说："尊贵的陛下，我认为要解开我们眼前这个谜，就像打开一本书。就像每个人都与其他人不一样，每个金像也都不一样。第一个金像提醒我们，有那么一种人，他听到点儿什么事，一眨眼的工夫就从嘴里说了出去；第二个金像，就像那么一种人，他从这个耳朵听到了什么，马上就让它从那个耳朵溜出去了；而第三个金像，很像一位能够把听到的事记在心上的人。陛下，您现在可以判断哪一个金像最有价值了吧？"

讨论

引导学生进行以下活动：

1. 思考并讨论：你愿意哪一种人做你的朋友呢？一个嘴上存不住半句话的人，一个把你说的话当耳旁风的人，还是一个把你的话牢记在心里的人呢？

2. 思考并讨论：这个故事给我们什么启示或教训？

3. 引导学生进行体验式活动：静默之桥——倾听的艺术之旅。

指导语："亲爱的同学们，欢迎大家踏上'静默之桥——倾听的艺术之旅'。在接下来的时间里，我们将共同探寻那些在日常中可能被我们忽视的声音，学习如何用心去感受和倾听，而不仅仅是依赖我们的耳朵。请铭记，真正的倾听，它超越了语言的界限，深入我们的心灵。从这一刻开始，请放下心中的杂念，去细细感受、深入理解和真诚连接。在这个旅程的终点，你们将会发现，倾听不仅仅是一种技能，更是一种生活的艺术。它能够帮助我们打开心灵的世界，让我们的关系因理解而更加深厚。现在，让我们轻轻踏上这座'静默之桥'，带着一颗愿意倾听的心，开始我们这段充满发现的倾听之旅吧！"

游戏流程：

（1）游戏准备：请同学们闭上双眼，保持静默一分钟，感受周围的声音环境，体会"沉默中的声音"，开启对倾听的初步感知，为后续的活动做好准备。

（2）游戏过程：将同学们分为两人一组，一人扮演"讲述者"，另一人扮演"倾听者"。讲述者通过肢体动作和面部表情传达一个简单的故事。请注意，在整个过程中不得发出声音。完成一次讲述后，两位同学将互换角色，重复上述过程。结束后，每组分享自己的体验和理解，讨论倾听过程中观察到的细节以及这些细节对自己理解故事的影响。

（3）游戏规则：在整个活动过程中，请大家保持安静，专注于游戏和倾听。同时，也鼓励大家积极反馈，分享自己的感受和想法。

（4）游戏结束：邀请几位学生代表上台分享他们在活动过程中的感受、思考和体会，谈一谈在游戏中如何提升自己的倾听能力，以及这个活动带给自己的启示。

评析

从人际沟通的角度来看，人际关系是一种相互问询的关系。人际沟通的基本特征在于，说话者和倾听者之间形成了完整的沟通循环。人际沟通必须保持倾听者对说话者的回应，以及心与心的交流。通过本次互动交流活动，同学们理解了人际沟通不仅仅是说话，更重要的是倾听。倾听不仅是获取信息的过程，更是建立信任、理解和尊重他人的关键桥梁。要努力提升自己的倾听技巧，包括全神贯注、怀有同理心及给出有效的反馈等。克服倾听障碍，如持有偏见、预设立场和注意力分散，能够帮助同学们在日常生活和学习中更有效地沟通，进而促进同学之间的深层次交往，树立更加和谐的班风和学风。

3.4 眼神里的语言世界任何地方的人都能理解（适合小学高年级）

眼睛是心灵的窗户，从一个人的眼神中往往能看到他的整个内心世界。我们常常说某个人的眼睛会说话，其实是说他的眼睛极富感情。眼神是一种在社交中通过视线接触来传递信息的表情语言，人们历来重视眼睛对行为所产生的巨大影响。眼睛不仅仅是一种视觉器官，更是一种交流工具。在社交场合，我们的眼神可以传递出自己的情感和意图，也可以展现出自己的自信和对对方的信任。眼神交流是一种非常有效的交流方式，可以让我们更好地理解彼此。

在我们的日常生活中，眼神交流起着非常重要的作用。无论是在工作场合还是社交场合，我们都应该重视眼神交流，学会如何更有效地运用眼神来交流和理解彼此，同时也要掌握在不同文化背景下灵活调整眼神交流方式的能力。

请同学们谈谈对以下几条名人名言有何理解。

（1）"眼睛说话的雄辩和真实，胜过于言语。"——塔克曼

（2）"眼睛是灵魂的窗户，人的才智和意志可由此看出来。"——博厄斯

（3）"眼睛是内心的索引。"——安斯蒂

（4）"有的人的眼睛像橘子一样毫无表情，有的人的眼睛像一口可以使你掉进去的井。"——爱默生

互动交流 1 眼神交流的力量

小杨是个聪明而乐观的孩子。然而，在学习上他遇到了困难，无法专注于课堂上的知识。他的班主任李老师观察到了这一点，决定帮助他。

有一天，李老师和小杨进行了一次谈话。他们坐在教室里，李老师温和地看着小杨的眼睛，传递了关心和理解。小杨感受到了这份关爱，他的心中涌起了一股动力。李老师告诉小杨，眼神交流在学习中尤为重要。他解释说，通过与老师和同学的眼神交流，小杨可以表达出自己的专注和参与，增强对学习内容的理解和记忆。李老师还

提醒小杨，当他在课堂上听讲时，要保持眼神交流，这样可以更好地与老师建立联系，得到更多的指导和帮助。

　　小杨开始意识到眼神交流的重要性，并决心在学习中更加注重这一点。他在课堂上努力与老师进行眼神交流，展示自己高度的专注和热情的参与。同时，他也与同学们进行眼神交流，分享学习心得，互相鼓励。这种积极的眼神交流不仅增强了小杨的自信心，还促进了良好学习氛围的形成。

　　随着时间的推移，小杨的学习成绩逐渐提高。他在考试中取得了好成绩，老师和同学们对他的进步感到高兴。小杨深知眼神交流在他的学习中起到了重要的作用，他感激地对李老师说："谢谢您，李老师，是您的关心和教导，让我明白了眼神交流的力量。"

讨论

　　引导学生进行以下活动：

　　1. 思考并讨论：这个故事给了我们什么启示？

　　2. 引导学生进行体验式活动：猜猜眼神的"谜语"。

　　指导语："亲爱的同学们，眼睛是心灵的窗户。它承载着每个人丰富多彩的内心世界。为了更深入地理解和感受眼神交流的独特魅力，我们将通过一系列小活动，带领大家探索眼神交流背后的微妙情感，并学会在无言中加强我们的人际联系。"

　　活动流程：

　　（1）将学生 4~6 人分成一个小组。在每个小组中，选出两位同学面对面坐好，确保两人之间保持适当的距离。接着，尝试模仿对方的眼神变化，就像镜子一样反映对方的表情。在这个过程中，注意观察和感受对方情绪的微妙变化。

　　（2）给其中一位同学展示写有不同情绪的卡片，如高兴、幸福、恐惧、怀疑、害怕等。请该同学用非言语的形式（眼神、表情、肢体语言等）表达出来，让对面的同学来猜猜看，如果能够准确猜出答案，可以计分并与其他结对伙伴进行 PK。

　　（3）换另外两个同学结对进行这个游戏，直到小组内的每位同学都有机会参与。游戏结束后，请小组内的同学们一起讨论这次活动给自己带来的启发和收获，并尝试总结出提高眼神交流能力的有效方法。最后，每个小组将选出一名代表，在班级中分享他们的心得和体会。对于表现突出的同学和团队，给予一定的奖励。

评析

　　这个故事告诉我们，在学习中，眼神交流能够帮助我们与老师和同学建立联系，增强自信心，提高学习效果。本次互动交流活动使同学们认识到非言语沟通，尤其是眼神交流在人际交往中的重要性。教会同学们如何有效地利用眼神传达不同的情绪和信息，提高他们的非言语表达能力。同时，通过猜"谜语"的方式，同学们相互之间加深了理解，学会从他人的眼神中解读情绪，进而增强同理心和团队凝聚力。

互动交流 2 眼神交流的价值

有一次，李鸿章准备向曾国藩推荐 3 个人，恰好曾国藩前往园子散步。李鸿章便让这 3 个人在厅外等待。待曾国藩散步返回后，李鸿章向其解释了来意，并恳请曾国藩前来对这 3 个人进行考察。

曾国藩微笑着说道："无须再进行考察，那位站在大厅门口的人，是个忠厚老实的人，办事小心谨慎，适合派他从事后勤等工作。中间那位不是一个正直的人，让人难以信任，不能让他承担重要任务。而右边的那位则是一位将才，可以充分利用他的才能。"

看到李鸿章疑惑不解的表情，曾国藩继续带着微笑说道："我刚才在散步回来的路上，看见这 3 个人站在那里。当我经过他们身旁时，左边的那位低着头，不敢与我对视，这显示他是一个谨慎的人，适合从事一些后勤方面的工作。至于中间那个人，虽然表面上看起来恭敬有礼，但在我走过时，他却左顾右盼，显然是个表里不一的人，不适合重用。而最后那位，他一直保持挺拔的站姿，双眼坚定地正视前方，不卑不亢，因此我认为他是个有潜力的人才。"这个人就是后来担任台湾省第一任巡抚的刘铭传。

讨论

引导学生进行以下活动：

1. 在社交场合中，我们通常需要通过眼神来表达我们的自信和对他人的信任与尊重。请同学们思考：

（1）有哪些技巧可以帮助我们更好地运用眼神来交流？

（2）如何在不同的社交场合中灵活运用眼神交流？

2. 引导学生进行体验式活动：画情绪与性格脸谱。

（1）将学生 4~6 人分成一个小组，提供一盒彩笔、若干张白纸。

（2）活动 1：当我们深入想象一个人在不同情绪下的眼神和面部表情时，每一种情绪都带有其独特的视觉特征。请选择一种情绪，思考它在脸部的体现，例如眼角的上扬、眉头的紧锁。现在，将这种情绪转化为色彩和线条，绘制在脸谱上。

（3）活动 2：每个人的性格都如同指纹般独一无二，例如勇敢、狡猾、善良或温柔。探究它是如何塑造一个人的眼神、笑容和眉宇间的神态，并尝试用色彩和图案来描绘这种性格的脸谱，让观众一眼就能感受到这个人物的特点。

（4）分享：请将自己画的情绪与性格脸谱介绍给小组的其他同学，并讨论在不同作品中如何通过眼神、面貌细节传达情绪和性格，探讨哪些元素最能触动人们的内心，以及创作过程中的感悟和挑战。

（5）评选出最佳作品，张贴在班级的宣传栏内，请同学们学习与欣赏。

评析

这个故事通过描述曾国藩对这 3 个人眼神的观察和判断，展示了他对人的洞察力和评估能力。他能够捕捉到细微的眼神和姿态变化，从而推测一个人的性格特点和潜力，并据此做出合理的评价和决策。通过本次互动交流活动，同学们认识到眼神交流在社交管理和人际交往中的重要性。通过观察和理解他人的眼神，我们可以获得有关其性格、态度和能力的信息。因此，学生们不仅能通过细腻描绘情绪和性格的脸谱，培养对人脸细节的敏锐观察力，而且还能学习到非言语沟通的重要方面。更重要的是，这种学习能在艺术创作中深化他们对人性的理解和表达，从而促进全面发展。

扩展习题

1. 在与老师进行课堂互动时，保持眼神交流的好处是（　　　）。（多项选择题）

　　A. 更好地理解老师的指导和表达　　　　B. 显示对老师的尊重和关注

　　C. 增强与老师的联系和互动　　　　　　D. 打破课堂的紧张氛围

2. 在与陌生同学建立友谊关系时，通过眼神交流传递以下哪种信息是有帮助的？（　　　）（多项选择题）

　　A. 友善和友好的态度　　　　　　　　　B. 自信和兴趣的表达

　　C. 尊重和关注对方　　　　　　　　　　D. 警戒和不信任的态度

3. 在解决冲突时，通过眼神交流可以传递以下哪种信息？（　　　）（多项选择题）

　　A. 谦虚和理解　　　　　　　　　　　　B. 决心和坚持

　　C. 愤怒和敌意　　　　　　　　　　　　D. 不关心和冷漠

　　答案：ABC　ABC　AB

3.5　记住一个人的名字，把它当作最甜蜜的声音（适合小学高年级）

名字是我们每个人独特的标识，它见证了我们的存在和成长。它不仅仅是几个单纯的汉字，更是一种关系和连接。因此，记住一个人的名字，对于我们来说有着重要的意义。大家曾经有没有过这样的经历，当我们在人群中听到自己的名字被叫出时，内心会涌起一种特别的感觉——一种被重视和认可的温暖。这是因为别人记得我们的名字，代表着他们对我们的关注和尊重。同样，我们也应该学会记住他人的名字，并把它当作最甜蜜的声音。

记住一个人的名字不仅仅是一种礼貌和尊重的体现，更是一种表达关心和建立联系的方式。当我们记住别人的名字，主动向他们打招呼、称呼他们时，会给人一种温暖和亲近的感觉。这种简单的行为可以帮助我们建立良好的人际关系，增进彼此之间的友谊和信任。同时，记住一个人的名字也能够帮助我们更好地与他人进行沟通和交流。当我们知道对方的名字后，我们可以更准确地指代和提及他们，避免尴尬和误解。这有助于我们进行更加有效和愉快的交流，拉近彼此的距离。

钢铁大王安德鲁·卡耐基曾经说过："一个人的姓名是他自己最熟悉、最甜美、最妙不可言的声音，在交际中最明显、最简单、最重要、最能得到好感的方法，就是记住人家的名字。"

在交际活动中，我们很容易观察到大多数人对自己的名字非常重视，他们通常把名字和友谊联系在一起。例如，当多年不见的同学或同乡相聚时，如果对方还记得你的名字，你会感到非常高兴，彼此之间的情感也会更加亲近。这是因为这意味着有人关心你、重视你，这会让你感到快乐，并且对那个人产生好感和信任。因此你会愿意与他进行更多的交流。

所以，让我们从现在开始，努力记住每个人的名字，并把它当作最甜蜜的声音。通过这样简单的行为，我们能够传递友善和关怀，建立真诚和深厚的人际关系。让我们用心去记住别人的名字，用心去称呼别人的名字，让每个人都能感受到我们的尊重和关爱。

请大家思考一下这些名人名言的意义，分享一下自己的感受。

（1）"记住人家的名字，而且很轻易地叫出来，等于给别人一个巧妙而有效的赞美。"——戴尔·卡耐基

（2）"伟人会死亡，但死亡却无法消灭他们的名字。"——博恩

互动交流 1 名字是社交互动的基础和起点

拿破仑三世是叱咤于法国大革命时期的英雄，他以前经常遗忘别人的姓名，这使得他的部下和朋友十分反感。于是，他决定采取一些措施来改变这个局面。

当他没听清来人的名字时，他会礼貌地说："请原谅，我还没完全听清你的名字。"在与对方交谈期间，他总是热情地呼唤对方的名字，这样可以加强名字与对方的面部特征和整体外表之间的联系，有利于记忆。当遇到一些不常见的名字时，他会在对方转身或不留意的时候，在纸上写下对方的名字，并全神贯注地默记。尽管他公务繁忙，但他努力记住每个人的名字，并在日常交流中随口叫出对方的名字。他努力通过视觉和听觉来记住更多人的名字，赢得了众人的尊敬和爱戴。

他并不是天生的记忆高手，但他把记住别人的名字作为一项任务，全力以赴地去完成。这种行为展示了他对别人的尊重，也给了他们被关注和受到重视的直接体验。

因此，拿破仑三世自豪地宣称："尽管每天需要接触众多的人，但我仍能记住我所遇见的每一个人的名字。"

讨论

引导学生进行以下活动：

1. 请同学们讨论：为什么记住他人的姓名对于建立良好关系很重要？

2. 引导学生进行体验式活动：姓名对对碰。

将学生 10~15 人分成一组，进行两组之间的对决挑战。

（1）请两名志愿者扯着幕布隔开两边成员。

（2）两边成员各派一位代表到幕布前，隔着幕布面对面蹲下，当老师数到三时，两名志愿者松开幕布，两位成员以先说出对面成员姓名为胜，胜者可将对面成员"俘虏"至本组（但不作为队员参加本组的挑战）。

（3）两边成员各派一位代表至幕布前背对背坐在椅子上，当老师数到三时，两名志愿者松开幕布，两位成员靠组内成员提示（不可说出姓名），起来转过身向对方说出名字，以先说出对面成员姓名者为胜，胜者可将对面成员"俘虏"至本组（但不作为队员参加本组的挑战）。

（4）直到某一组成员全部被"俘虏"，结束游戏。胜者可以获得奖励。

评析

在人际交往中，尊重他人并努力记住他们的名字是一种重要的社交技巧。这样的行为不仅展示了对他人的关注和尊重，也为建立良好的人际关系打下了基础。无论我们是否天生擅长记忆，只要我们用心去尊重他人并努力记住他们的名字，我们便能够赢得他人的尊重和喜爱。当我们记住他人的姓名时，实际上是将一份友谊深深地珍藏在心里。随着时间的推移，这份情谊也会愈发深厚，就像一瓶陈年的美酒，放得越久，味道越醇美。因此，当你能够叫出只见过一次面的人的姓名时，对方肯定会感到非常开心。这种记住他人姓名的举动会让对方产生好感和信任，并且愿意与你建立更多的联系。

扩展习题

1. 在社交场合中，记住别人的名字对于建立良好关系非常重要。以下哪个选项是正确的？（　　）。

A. 记住别人的名字是为了显示自己的记忆力

B. 记住别人的名字是为了让对方记住自己

C. 记住别人的名字是为了向对方展示尊重和关注

D. 记住别人的名字是为了显示自己的社交技巧

2. 记住别人的名字可以带来哪些好处？（　　　）（多项选择题）

A. 加深人际关系 　　　　　　　　B. 增加自信心

C. 建立良好的口碑 　　　　　　　D. 打造成功的职业形象

3. 以下哪种做法可以帮助记住别人的名字？（　　　）（多项选择题）

A. 在心里默念对方的名字三次 　　B. 在纸上写下对方的名字

C. 反复使用对方的名字 　　　　　D. 忽略对方的名字，专注于对话内容

答案：C　ABCD　ABC

互动交流 2　人际交往——从记住名字开始

泰国东方酒店是泰国一家历史悠久的大酒店，已经存在了一百多年。在这么长的时间里，酒店几乎每天都客满，如果不提前一个月预订，很难有入住的机会。这家酒店经营得如此成功，必然有其独特的经营秘诀。酒店对每一位入住的客人都给予最细致入微的关怀和重视。他们为客人创造了最舒适、最体贴的环境和氛围，让客人感到宾至如归，流连忘返。无论是客房的布置还是客人的需求，酒店都非常注重细节，确保每一位客人都能够享受到最好的服务。

在东方酒店，客人不仅可以品尝到美味的食物，还可以感受到员工们的真诚和热情。员工们时刻关注客人的需求，以礼貌和善意的态度为他们提供帮助。无论是入住期间的要求还是参观当地景点的建议，酒店的员工总是愿意提供帮助，使客人的旅程更加顺利和愉快。

酒店除了提供舒适的整体环境，细致入微的服务也让人备感温馨和体贴。举例来说，假设一位史密斯先生入住了这家饭店。早上他起床准备出门时，会有一位服务生热情地迎上来，说："早上好，史密斯先生！"这并不奇怪，因为酒店的规定是，楼层服务生在前一天晚上要背熟每个房间客人的名字，所以他们都知道客人的名字。当史密斯先生走进电梯时，等候的服务生会问："史密斯先生，要去用早餐吗？"当他进入餐厅后，服务生会问："史密斯先生，您想坐在以前的座位吗？"饭店的电脑记录着史密斯先生上次坐的座位。当菜上来后，如果史密斯先生有问题要问，服务生会先退后一步再回答，以免口水喷到菜上。即使史密斯先生离开酒店，甚至是若干年后，他仍会收到一封来自酒店的信："亲爱的史密斯先生，祝您生日快乐！已经有 5 年没见到您了，我们全体酒店员工都非常想念您。"这样的细致关怀让客人感受到酒店对他们的真诚关注和重视。

东方酒店通过提供最舒适的体验和最细致入微的服务，让客人感受到了最大的重视和关怀。正因为如此，每一个来过这里的客人都会愿意再次光顾。这就是泰国东方酒店成功的秘诀——将客人置于至高的位置，为他们提供最体贴的服务，创造最舒适的环境和氛围，从而牢牢地捕捉住客人的心。

讨 论

引导学生进行以下活动：

1. 请学生思考：为什么记住客人的名字对建立良好的人际关系很重要？引导学生思考记住他人名字对于表达尊重和关注的意义，以及如何通过记住名字建立更亲密的人际关系。

2. 引导学生进行体验式活动：姓名"滚雪球"。

（1）将学生 10~15 人分成一个小组。围成一个圆形，能够彼此看到每一个同学的脸。

（2）指导语："我们做一个姓名'滚雪球'的游戏，加深对彼此的印象。从某一位同学开始，请他先用 3 个形容词介绍一下自己，如：我是活泼开朗、喜欢运动、长得帅的×××；接着该生右手边的同学重复一次刚才同学的自我介绍，再用 3 个形容词介绍一下自己，就像'滚雪球'一样，把前面同学的信息和你的信息'粘上'，传递给下一位同学。以此类推，直到最后一人复述所有人的情况后再介绍自己。"

（3）分享：恭喜同学们，现在我们已经像一个"大雪球"一样，彼此有了联结、交融、互动，每个人会感受到团体的力量加持。当我们与一个团体融汇于一体时，会产生什么样的情绪？请推荐几位同学做代表分享一下自己的体会和快速记住别人名字的技巧和方法。

评 析

名字原本只是一种语言符号，人们之所以重视它，是因为它承载着特殊的意义。名字是一个人所特有的标识，与个人的尊严、地位、荣誉、心理和情感紧密相连。可以说，名字就是你，你就是那个名字。记住他人的名字，是对他们重视和尊重的表达，能够带给人最贴心的安慰。因此，每个人都愿意与那些能够记住自己名字的人交往。这一点在人际交往中特别明显。

当人们的名字被遗忘或混淆时，无论是有意还是无意，都可能带来不良的影响。轻微的情况，会让人感到不悦，拉开彼此的距离；严重的情况，则可能影响彼此的情感，破坏人际关系。因此，记住别人的名字是一种非常重要的社交技巧，它展现了对他人的尊重和关注，有助于建立良好的人际关系。

3.6 一生之成败，皆关乎朋友之贤否（适合小学高年级）

在我们每个人的成长过程中，选择朋友和交往圈子是至关重要的。我们身边的朋友和同伴会对我们的态度、观念和习惯产生深远的影响，甚至决定我们今后的发展方向。

每个人都热爱优秀，我们都希望成为一个能够为社会作出贡献、品德高尚、有修养、勤奋向上的人。然而，身边的环境和人际关系常常是影响我们的关键因素。与优秀的人为伍，能够给予我们正能量的激励和引导。他们可能是成绩优异的同学，是值得我们学习的榜样；也可能是有着良好价值观和道德品质的师长，可以给予我们正确的指导和教育。

同时，我们也应该意识到，在选择与优秀的人为伍时，不能仅看其所拥有的高分数或者高智商。一个人的品质和道德修养同样重要。品质恶劣的人往往具有消极懒散、不诚实守信、缺乏责任感等不良特质，与他们往来密切很可能会对我们产生不良的影响，影响我们的学业、道德行为以及人际关系。因此，大家要懂得选择，远离品质恶劣的人。

在我们探索社交管理的同时，我想与大家分享一些名人名言，这些名言可以给我们启发和思考。我想邀请大家思考一下这些名人名言的意义，你们对这些名言有什么理解？我们可以一起分享一下。

（1）"白银不如黄金贵，黄金不如美德好。"——贺拉斯

（2）"一个人的人格可以从他的眼神、笑容、言语、热忱和态度中显示出来。"——乔·古拉德

（3）"与高贵的思想为伍的人，是绝不会孤独的。"——菲力普·西登尼

（4）"趋炎附势的人，不可与其共患难。"——拜伦

（5）"大凡君子与君子以同道为朋，小人与小人以同利为朋。"——欧阳修

（6）"君子之交，淡若水；小人之交，甘若醴。"——庄子

（7）"不可以一时之誉，断其为君子；不可以一时之谤，断其为小人。"——冯梦龙

（8）"近朱者赤，近墨者黑。"——傅玄

（9）"与优秀的人交往总是会使自己也变得优秀。"——塞缪尔·斯迈尔斯

互 动 交 流 1 榜样的力量

她从小就患有小儿麻痹症，无法像其他孩子那样自由奔跑和行走。这使得她非常悲观和忧郁，充满了自卑感。尽管医生建议她进行一些运动，以促进康复，但她对此

毫不在意。随着年龄的增长，她的忧郁情绪和自卑感变得越来越重，甚至拒绝与任何人接触。然而，有一个例外，那就是她的邻居——一个只有一只胳膊的老人，成了她的好朋友。老人在一场战争中失去了一只胳膊，但他却非常乐观积极。女孩喜欢听老人讲故事，他的故事给了她希望和勇气。

一天，老人用轮椅推着女孩去附近的幼儿园，他们听到操场上孩子们动听的歌声。当歌曲结束时，老人提议一起为孩子们鼓掌。女孩惊讶地看着老人，问他如何鼓掌，因为她的胳膊无法动弹，而老人只有一只胳膊。老人微笑着解开衬衣扣子，露出了胸膛，然后用手掌拍打起胸膛，老人对她微笑着说："只要努力，一个巴掌也能拍响。你一样能站起来的！"

那天晚上，她让父亲写了一张纸条贴在墙上，上面写着："一个巴掌也能拍响。"从那一刻起，她开始积极配合医生进行运动，无论多么困难和痛苦，她都咬紧牙关坚持下去。每次取得一点进步，她就会以更大的努力来追求更大的进步。甚至在父母不在家的时候，她会自己扔掉支架，试着走路。虽然蜕变过程中伴随着剧痛，但她坚持着，她相信自己能够像其他孩子一样行走、奔跑。她渴望行走，她渴望奔跑……

在1960年罗马奥运会的女子100米跑决赛中，她以优异的成绩率先冲过终点线，引起了雷鸣般的掌声。全场观众都站起来为她欢呼喝彩，高声呼喊着这位美国黑人的名字：威尔玛·鲁道夫。

在那届奥运会上，威尔玛成为当时世界上跑得最快的女人，她一共摘得了3枚金牌，也是第一位黑人女性百米冠军。

那位老人就是威尔玛的榜样，他们都是身体有缺陷的人。老人能够积极乐观地面对人生的挑战，为什么威尔玛不能呢？正是这样的信念和鼓舞让她走向了成功。

讨 论

引导学生进行以下活动：

1. 思考并讨论：邻居老人是如何影响威尔玛的？他给她带来了什么样的改变？

2. 思考并讨论：这个故事告诉我们什么？你从中学到了什么？

3. 引导学生进行体验式活动：星光引路——榜样的力量。

（1）将学生4~6人分成一个小组。提前布置小组任务，让同学们寻找一位值得学习的榜样人物，年龄、性别、行业、职业等均不限。将收集到的这个榜样人物的事迹做成PPT或者视频，准备在班级内进行展示。

（2）请每个小组派出代表，播放PPT或视频，并且介绍选择这个榜样人物的原因。

（3）总结提炼各小组推荐的榜样人物的优秀品质和典型行为（如勤奋、创新、坚毅、奉献、友爱等），在班级内设立"榜样之星"奖项，鼓励同学们努力向榜样学习，提高自己的思想品德和学习成绩，成为一颗颗闪亮的"榜样之星"。

（4）教师进行总结，并与学生约定"榜样之星"的评选时间和奖品。

评析

我们身边的每个人都有可能成为我们的榜样，只要他们身上有值得我们学习的品质。这些品质可以是在逆境中坚韧不拔、百折不挠、不辞辛劳的精神，也可以是积极向上的人生态度，或是诚实守信、言行一致的态度等。通过本次互动交流活动，同学们认识到应该心怀光明，用睿智的眼光去看待身边每一个值得我们学习和尊敬的人。无论他们是谁，他们都可能成为我们的榜样，激励我们成为更好的自己。

扩展习题

1. 良好的榜样对自己的影响是什么？（　　）
   A. 没有任何影响　　　　　　　　B. 可以帮助自己变得更好
   C. 会让自己变得懒散　　　　　　D. 不重要
2. 为什么要选择与良好的榜样为伍？（　　）
   A. 可以跟着他们玩耍　　　　　　B. 可以学习到坏的行为和品质
   C. 可以受益于他们的行为和品质　D. 不需要任何原因
   答案：**B　C**

互动交流 2　与优秀的人为伍

奥巴马，一个普通的黑人青年，没有政治背景，也没有亿万财富的身家。然而，凭借着优质的人脉关系，2008年他成功地竞选成为美国总统。在哈佛商学院攻读法学博士期间，奥巴马结识了许多哈佛校友中的精英人物，其中最著名的就是米切尔·弗洛曼和卡桑德拉·巴特斯。这两位校友为奥巴马的竞选提供了积极的支持和建议，他们帮助奥巴马识别了竞争对手麦凯恩的弱点。考虑到历届大选最关注的是经济问题，他们认为只要奥巴马抓住对手的经济弱点，对方将无法翻身。奥巴马果断采纳了他们的建议，在经济问题上对对手进行了猛烈的攻击。这一策略最终帮助他赢得了选举胜利。

奥巴马在总统大选中面临着经济上的劣势，因为他没有丰厚的家底。然而，他在芝加哥任教期间结识了许多商界名流。这些人不仅积极提供竞选所需的资金，还动用自己的关系网为奥巴马出钱出力。虽然奥巴马没有足够强大的硬性条件，但他拥有优质的人脉关系，最终实现了成功。

哈佛大学的教授经常教导学生："与一流的人交往，自己也容易成为一流的人物。"这句话强调了与优秀人士建立联系的重要性。优质人脉不仅提供了机会和资源，还能激发个人的潜能。

讨论

引导学生进行以下活动：

1. 思考并讨论：在故事中，奥巴马是如何利用他的人脉关系来支持他的竞选活动的？这些人脉关系给他带来了什么样的帮助？

2. 思考并讨论：为什么与优秀的人建立联系对个人的成长和发展至关重要？你认为与优秀的人交往有哪些好处？

3. 引导学生进行体验式活动：构建人脉、连接未来。

（1）发给每位同学 10 张空白的卡片，请同学们为自己设计富有特色、充满创意的个人名片。

（2）在规定的时间内（如：10 分钟），请同学们尽可能地与其他同学交换名片，介绍自己，了解他人。

（3）请同学们分享在交流名片过程中的心得体会和感受，以及快速结识朋友的方法和技巧。

（4）举办"我的梦想、我的未来"路演活动。请有意愿的同学，以路演的形式推介自己。自信地介绍自己的兴趣、爱好、特长，以及未来的梦想和规划等方面，吸引志同道合的朋友。

（5）教师进行点评，并且对表现优秀的学生给予一定的奖励。

评析

人脉就是资源，是成功的关键。本次互动交流活动，让同学们认识到扩大人脉的重要性和必要性。同时鼓励学生采用高效率的方式拓展自己的人脉，找到志同道合的朋友，发展共同的兴趣，结成互利互助的团体，以便共同面对学习和生活的挑战，并在此过程中感受被爱和被关怀的幸福和快乐。

扩展习题

1. 与优秀的人同行，可以（　　）。
    A. 增强自信心和积极心态　　　　B. 让自己变得自大和狂妄
    C. 减少与他人的交流和合作　　　D. 忽视自己的不足和提升空间

2. 为什么要选择与优秀的人为伍？（　　）
    A. 可以学习到坏的行为和品质　　B. 可以受益于他们的行为和品质
    C. 不需要任何原因　　　　　　　D. 只是为了跟着他们玩耍

答案：A　B

3.7 自信的人就像聚光灯，会吸引人们的目光（适合初中生）

自信是一种强大的力量，它能照亮我们内心的光芒，让我们在人群中脱颖而出。就像聚光灯一样，自信的人总能吸引人们的目光。当我们充满自信地展示自己的才华和能力时，不仅可以获得他人的认可和赞赏，更能激发自己的潜力，做出更大的成就。

无论是在学习、工作还是生活中，只要我们敢于追求梦想、敢于展现真实的自我，就能成为那盏璀璨的聚光灯，让我们的人生更加精彩。让我们一起探讨自信的重要性，分享自信带来的力量和机遇，共同成长，成为自信的人。

请大家思考一下这些名人名言的意义，分享一下自己的感受。

（1）"只要你能够自信，别人也就会信你。"——歌德

（2）"要有自信，然后全力以赴。假如具有这种观念，任何事情十之八九都能成功。"——威尔逊

（3）"信心是一种心境，有信心的人不会在转瞬间就消沉沮丧。"——海伦·凯勒

（4）"当你把自己独有的一面显示给别人时，魅力就随之而来。"——罗曼·罗兰

（5）"当你对一个人说话时，看着他的眼睛；当他对你说话时，看着他的嘴。"——富兰克林

互动交流 1 展现自己的光芒

从前有一只胆小的小鸟，它总是躲在树上，不敢和其他鸟儿一起飞翔。每当其他鸟儿展翅高飞时，它只能望着它们远去的背影，心中充满了羡慕和无奈。

有一天，小鸟遇到了一只自信满满的孔雀。孔雀展示着美丽的羽毛，自信地走来走去。小鸟好奇地问孔雀："为什么你这么自信，能够展示自己的美丽而不担心被别人嘲笑？"

孔雀微笑着回答说："自信是我翱翔于天空的秘诀。从前，我也是像你一样胆小害怕被嘲笑的小鸟，直到有一天我意识到，只有相信自己的美丽和能力，才能真正展示出自己的光芒。"

孔雀继续讲述了一个关于自己的故事。在孔雀还是幼鸟的时候，它的羽毛并不如今天这般美丽。但孔雀并没有放弃，它相信自己可以拥有美丽的羽毛。于是，孔雀努力锻炼自己，展示自己的才华和美丽。

通过不懈努力，孔雀的羽毛逐渐变得绚丽多彩，成为森林中最美丽的存在。孔雀

告诉小鸟，每个人都有自己独特的美丽，只需要相信自己，勇敢展示出来。

小鸟听完孔雀的故事，感到非常受启发。它决定不再害怕社交，勇敢展示自己的才华和美丽的羽毛。从此，小鸟开始学习飞翔，与其他鸟儿一起探索天空。它灵活的身姿和美妙的歌声，赢得了众多鸟儿的赞赏和喜爱。

讨 论

引导学生进行以下活动：

1. 思考并讨论以下问题。

（1）小鸟为什么一直躲在树上不敢飞翔？

（2）你觉得自信对一个人在社交中的重要性是什么？为什么自信能吸引人们的目光？

（3）你有没有遇到过类似小鸟的经历？你是如何克服胆怯进而展示自己的才华的？

2. 体验式活动：夸一夸。

（1）将学生 10~15 人分成一组，围成一个圆圈，中间放一张可转动的椅子。

（2）指导语："大家好，接下来我们将进行一个非常有趣的活动——夸一夸。请大家先推荐一位同学坐在中间的椅子上。请这位同学闭上眼睛，深呼吸，放松心情，准备迎接来自团队的温暖阳光。

（3）请从任意一位同学开始，用真诚的语言对坐在中间椅子上的同学进行赞美。要有事实根据、有细节、有感情，避免泛泛而谈。之后从右手边依次轮转，请同学们逐一进行赞美。直到这一轮结束。之后请坐在中间椅子上的同学谈一谈自己的感受。

（4）再推荐一位同学坐在中间的椅子上接受赞美，分享感受。这个游戏可以进行多轮。

评 析

在社交中，自信是非常重要的。只有相信自己的能力和独特之处，我们才能真正展示出自己的光芒。无论我们是像胆小的小鸟还是像孔雀一般自信的人，只要我们相信自己，努力展示自己的美丽，我们就能在社交中获得成功和快乐。通过本次互动交流活动，同学们认识到要想增强自信，需要营造一个积极正向的环境。通过公开表达对他人的肯定和赞美，建立彼此的信任，不仅能够增强个人的自信心，还能让成员间相互尊重，进而促进团队内的和谐氛围，提升整体的凝聚力。

扩 展 习 题

1. 在社交中展示自己光芒的正确态度是（　　　　）。

A. 自大和傲慢　　　　　　　B. 谦虚和尊重他人

C. 不关心他人的感受和需求　　D. 只关注自己的利益

2. 演讲是一个展示个人光芒的好机会。以下哪项是在社交场合中做一个成功演讲时应该注意的？（　　　）

A. 语速过快，以显示自己的技巧　B. 缺乏自信，低声细语

C. 保持良好的姿势和眼神接触　　D. 避免使用幽默的元素

答案：**B　C**

互动交流 2　更好地认识自己

哈尔·道农是一位个性分析专家，他毕业于哈佛大学。有一天，他在自己的办公室里接待了一个流浪汉，这个流浪汉因为企业倒闭而负债累累，四处流浪，离开了家庭。

当流浪汉走进办公室时，他首先打招呼说："我来这里是希望你能够帮助我。"原来，在他对生活感到绝望时，偶然看到了哈尔写的一本自我激励的书籍。这本书给了他重新振作的力量，让他相信还有希望。

流浪汉认为，只要与书的作者见面，他一定能够在作者的指导下重新站起来。他相信哈尔能够给予他帮助和支持，帮助他重新找到生活的意义。在流浪汉诉说自己的不幸时，哈尔仔细打量着他的外表，看到了他茫然的眼神、布满沮丧的皱纹、长时间未刮的胡须和紧张的神态。这些都似乎在向哈尔证明，这个人已经无药可救了。然而，哈尔心生怜悯，决心不打击他的希望。

哈尔仔细听完了流浪汉的故事后，他稍作思考，然后说道："我自己无法直接帮助你。但如果你愿意，我可以带你去见一个人，他有能力帮助你重拾生活的美好，重新站起来。"这句话刚一说完，流浪汉立刻跃跃欲试，抓住哈尔的手，迫切地表示要去见这个能够改变自己生活的人。

哈尔牵着他的手，引导他来到自己平日里进行个性分析的心理实验室。他们站在门口，望着挂在门口的窗帘布。哈尔拉开窗帘布，露出了一个高大的镜子，可以看到一个人的全身。他指着镜子中的流浪汉说："就是他，在这个世界上，除了他，没有人能够帮助你东山再起。除非你愿意坐下来，彻底了解他，看清楚他的每一个优势和劣势。否则，你将无法找到出路。在你对自己和这个世界没有真正的认识之前，你将一直是一个无用的废物。"

流浪汉凝视着镜子里的自己，仔细端详着自己的脸，用手摸着布满胡须的脸颊。他认真地观察着镜子中的那个人，从头到脚打量了几分钟。接着，他后退几步，低下头开始哭泣。

当流浪汉离开时，哈尔注意到他的脚步已经不再紧张和不安，而是变得轻松有力。几天后，哈尔在街上偶遇了他。他告诉哈尔，他已经找到了工作，并打算重新开始自

己的生活。

讨论

引导学生进行以下活动：

1. 思考并讨论：为什么流浪汉相信哈尔能够帮助他重新找到生活的意义？

2. 思考并讨论：镜子的作用是什么？它是如何帮助流浪汉重拾自信的？

3. 引导学生进行体验式活动：照镜子。

（1）将学生两两分组后，分成 A、B 两个角色。A 是照镜子的人（主导者），B 是镜子里面的人（镜像者）。

（2）请 A 同学随机做出几个动作，然后让 B 同学模仿。随着模仿次数增多，A、B 两位同学的默契度逐渐增加。

（3）请 A 同学闭上眼睛，深呼吸，想象自己最成功的那一刻。感受那份自豪，让这份感觉渗透到自己的内心。之后睁开眼睛，挺胸收腹，带着那份自信做出充满力量的几个动作。请 B 同学模仿。

（4）请 A、B 两位同学进行交流，谈谈前后两次模仿的区别是什么？心理感受有什么不同？如何用肢体语言表达自信？

（5）之后调换 A、B 两位同学的角色，再重新体验一遍。

评析

在面对挫折和困境时，我们需要相信自己的潜力，相信未来是充满希望的，同时也需要有决心和勇气去面对自己的问题。通过本次互动交流活动，同学们能够更好地认识自己，发现自身的优点与缺点，并从中吸取经验和教训。只有正确认识自己，才能够培养出真正的自信，实现自我提升和积极的社交互动。相信自己，才能不断地挖掘自己的潜能，才能够用自信的力量去超越自我，走向成功。

扩展习题

1. 以下哪项是认识自己的重要途径？（　　）
   A. 反思和自我评估　　　　　　　B. 遵循他人的期望
   C. 不断追求别人的赞赏　　　　　D. 对自己的感受置之不理

2. 自信的核心概念是什么？（　　）
   A. 比其他人更好　　　　　　　　B. 完美无缺
   C. 接受自己并相信自己的能力　　D. 依赖他人的承认和肯定

3. 与陌生人进行社交互动时，以下哪个行为最合适？（　　）

A. 尽可能地避免眼神接触和交流

B. 保持开放的身体语言和友好的微笑

C. 避免与他们建立任何形式的联系

D. 尽量回避交谈，不主动与他人互动

答案：A　C　B

3.8　幽默能给你完全而压倒一切的胜利（适合初中生）

在我们的日常生活中，社交是非常重要的一部分，它不仅帮助我们建立联系，而且能够促进和谐的人际关系，有利于日后的职场发展。而今天，我们将探讨一个与社交密切相关的重要元素——幽默！

幽默是一种能够带来欢乐和轻松氛围的艺术。它不仅能够让我们和他人愉快地交流，还能够减轻紧张的气氛，打破沉闷的局面。通过幽默，我们能够更好地与他人建立联系，增进理解和共鸣。

在社交中，幽默也是一种强大的工具。它能够帮助我们吸引别人的注意力，赢得他们的喜爱和尊重。通过运用恰到好处的幽默，我们能够在交流中更加自信、风趣，让人愿意与我们建立更深入的关系。

此外，幽默还能够加强人与人之间的情感联系，让人们更加舒展心情，建立真诚而持久的友谊。幽默能够消除隔阂，拉近彼此的距离，让我们在人际交往中感受到更多的温暖和快乐。

因此，我们可以说，幽默是社交中的一把"金钥匙"。它能够打开人与人之间的心扉，让我们在交流中占有先机。在接下来的班会中，我们将一起探讨幽默的力量以及在社交中巧妙运用幽默的技巧。

请同学们谈谈对以下几条名人名言有何理解。

（1）"幽默是一种优美的健康的品质。"——列宁

（2）"幽默表示的是一种自然地处于最佳精神状态的才能。"——康德

（3）"幽默是生活波涛中的救生圈。"——拉布

（4）"幽默感能改变我们整个文化生活的本质和特性。"——林语堂

（5）"幽默者的心是热的。"——老舍

（6）"幽默是一种润肤膏，它使我避免了许多摩擦和痛苦。"——林肯

（7）"生活中没有哲学还可以应付过去，但是没有幽默则只有愚蠢的人才能生存。"——普里什文

（8）"幽默是真理的轻松面。"——马克·吐温

互动交流 1 幽默在社交中扮演的角色

在一个大学校园里，有一个名叫艾米的学生，她非常内向而且害羞。她总是觉得自己在社交场合中难以与他人建立真正的连接。她渴望改变这种情况，于是决定参加一个社交技巧培训班。

在培训班上，艾米遇到了一位名叫本尼的幽默教练。本尼是一个风趣幽默的人，总是能够在场上引发阵阵笑声。他教艾米如何运用幽默来打破冷场、吸引他人的注意力，并建立更深入的社交关系。本尼告诉艾米，幽默是一种强大的社交工具，能够帮助她在交流中更加自信和风趣。他教导艾米学习观察周围的人和环境，并使用适当的幽默来发起对话。艾米学会了以幽默的方式回应他人的言谈，以及运用逗趣的笑话来改善交流气氛。

随着时间的推移，艾米开始在校园中展现她新学到的幽默技巧。她学会了在开会时加入一些幽默的评论，使气氛更轻松活泼。她还在社交聚会上分享自己的搞笑故事，吸引了众多同学的关注。

随着艾米幽默技巧的不断提升，她发现自己能够更容易地与他人建立起真诚的友谊。她的幽默成为她与他人连接的桥梁，让她在社交中展现出自己真实的个性。她发现自己能够主动参与各种社交活动，并获得了更多的机会。

最终，艾米成为校园中备受欢迎和尊敬的人。她的幽默成了她的个人品牌，让她在社交中取得了巨大的胜利。她也意识到，幽默不仅仅让她在社交中脱颖而出，更帮助她建立了真正的人际关系，从而过上了快乐的生活。

讨论

引导学生进行以下活动：

1. 思考并讨论：幽默在社交中的作用是什么？幽默如何帮助艾米在社交场合中打破冷场、吸引他人的注意力，并建立更深入的人际关系？

2. 引导学生进行体验式活动：脱口秀。

（1）将学生 4~6 人分成一个小组。预先设计几个有趣的话题，如：我的朋友、我的家庭、我的老师、我的同桌、我的爱好、我的高光时刻。请每个小组随机抽取一个话题。

（2）请学生以小组为单位集思广益，围绕话题集体创作一个脱口秀剧本，选择合适的同学上台进行表演。

（3）将上台表演脱口秀同学的名字写在一张大白纸上，留下一定的空白空间。之后发给班级的其余同学每人 3 个用于点赞的小贴纸。当所有脱口秀表演结束之后，请观众按照自己的评价标准选出最幽默的 3 位表演者，将自己的小贴纸粘在对应的姓名之下进行投票。

（4）统计每个表演者获得的小贴纸数目，前3位的可以获得"最佳幽默奖"并给予一定的奖励。

评 析

幽默是缓解压力、增进人际关系的有效方法。当我们运用幽默进行沟通时，不仅能够营造出一个轻松愉快的环境，还能极大地促进个体的身心健康以及人与人的和谐共处。同学们通过本次互动交流活动，体会到了幽默的乐趣和意义。脱口秀剧本的精心编排和生动表演，显著提升了大家的幽默感与表达能力。在本书中，我们一同探索了幽默的奥秘，学习了如何巧妙地构思，让每一句话都闪烁着智慧的火花。生活中的点滴小事，往往蕴含着无尽的幽默元素。我们亲眼见证了幽默的力量，它像一把神奇的钥匙，打开了欢乐的大门，使我们的世界变得丰富多彩、生机勃勃。让我们珍视这份珍贵的礼物，在日常生活中不断运用幽默，使每天都洋溢着欢声笑语。

互动交流 2　幽默的技巧

在一个小镇上，有两位好朋友——罗伯特和大卫。他们一起长大，分享了许多欢乐和困境。罗伯特是一个非常幽默和风趣的人，他总是能用一些巧妙的笑话和幽默的言辞来让人开怀大笑。大卫则是个相对内向的人，他总是羡慕罗伯特的幽默天赋，希望自己也能变得像罗伯特那样善于调动气氛。

有一天，罗伯特和大卫一起参加了一个社交活动。这是一个重要的场合，许多重要人物和知名人士都会出席。大卫感到有些紧张，他不知道该如何与这些陌生人交流，更不敢想象如何在关键时刻化解尴尬或改变局面。罗伯特看出了大卫的担忧，他走过来轻轻拍了拍大卫的肩膀，笑着说："别担心，大卫，幽默是我们的秘密武器。只要你能放松自己，运用幽默来调动气氛，一切都会变得容易。"

大卫犹豫了一下，然后决定相信罗伯特的建议。他开始观察周围的人和环境，寻找可以运用幽默的机会。他注意到一个人在一旁不断抱怨天气，于是他走过去，开玩笑地说："嗨，看来你是小镇的天气预报员吧！每次见到你，都是天气不好的时候。"这引起了在场人们的笑声，气氛也变得轻松起来。

大卫意识到自己的幽默功夫并不差，他开始在交流中更加自信地运用幽默。他用幽默来化解尴尬的沉默，用幽默来解决意见不合的问题，甚至用幽默来鼓励和支持他人。他发现，幽默不仅能够让人们开心，还能够拉近人与人之间的情感距离。

社交活动结束后，大卫感受到了巨大的成就感。他意识到，通过运用幽默，他成功地展示了自己的口才和人格魅力。他明白，幽默不仅可以让人们开怀大笑，更可以在关键时刻改变局势，化解尴尬，甚至影响他人的观点和态度。

从那天起，大卫变得更加自信和乐观。他学会了在日常生活中运用幽默，让沟通变得更加顺利。

讨论

引导学生进行以下活动：

1. 请同学们讨论幽默在社交中的重要性和作用，以及它如何帮助我们轻松地与他人沟通和建立联系。

2. 请同学们探讨使用幽默的好处，例如化解尴尬、烘托气氛、建立亲密关系等。可以分享自己的经历，讲述如何运用幽默来解决问题或改变局面。

3. 引导学生进行体验式活动：笑料制造机。

（1）将学生分成 3 组。每组抽取一项"制造笑料"的任务。

（2）任务 1：采用哑剧的形式，展现一个日常的生活场景（如：在食堂吃饭）中可能引发的冲突，并探索如何用幽默化解冲突。

（3）任务 2：采用相声的形式，展现一个学习的场景中可能引发的问题（如：考试焦虑），并探索如何用幽默化解问题。

（4）任务 3：采用小品的形式，展现一个同学交往的场景（如：值日）中可能引发的冲突，并探索如何用幽默化解冲突。

每个小组撰写脚本、排练，之后在班级进行展演。评选出"最佳编剧""最佳演员"等并给予一定的奖励。

评析

幽默是一种神奇的沟通润滑剂，能够拉近人与人之间的情感距离。当我们轻松一笑时，就意味着沟通双方已经建立了共同的认知和理解，这是社交中非常重要的第一步。实际上，幽默是一门建立在知识储备和生活经验之上的语言艺术。它不仅能带来欢笑，还有助于达到特定的沟通目的。在适当的环境中，幽默能够活跃氛围，让人感到愉悦。更重要的是，它能够在轻松的氛围中传递信息，启发人们领悟某种道理。通过本次互动交流活动，同学们认识到：在关键时刻凭借幽默谈吐化解尴尬与危机、扭转局面的人，能够展现出自己出色的口才和富有人格魅力的一面。所以，让幽默成为我们沟通的秘密武器，它不仅能够加深人际关系，还能让我们在生活中更加愉快和充实。

3.9　鼓励自己最好的办法，就是鼓励别人（适合初中生）

鼓励是一种力量，一种影响力，它能够激发出我们内心最强大的动力，不仅让我们自己变得更加坚定和积极，还能够帮助他人走向更好的未来。

当你在完成一项任务后得到了老师或父母的肯定和鼓励时，是不是觉得自己信心倍增、精力充沛？而当你看到同学们取得好成绩或者克服困难后，你为他们欢呼加油，是不是会感受到一种喜悦和满足呢？

鼓励并不仅仅是表面上的称赞，它背后有着更深层次的意义。通过鼓励他人，我们可以培养自己的同理心和关爱之心，让自己更加善于倾听和理解他人的需求与情感。同时，鼓励也是一种正能量的传递，它能够激发他人的潜能和动力，让他们相信自己能够克服困难、实现梦想。在本次班会上，我们将探讨鼓励的力量以及鼓励他人的方式和技巧。

请大家思考一下这些名人名言的意义，分享一下自己的感受。

（1）"我们得到的赞扬就是我们的工薪。"——莎士比亚

（2）"赞美别人就是把自己放在同他一样的水平上。"——歌德

（3）"赞扬是一种精明、隐秘和巧妙的奉承，它从不同的方面满足给予赞扬和得到赞扬的人们。"——拉罗什富科

（4）"肉麻的奉承只是一张债券，而公正的赞扬却是一份礼品。"——塞缪尔·约翰逊

（5）"时时用使人悦服的方法赞美人，是博得人们好感的好方法。记住，人们所喜欢别人加以赞美的事，便是他们自己觉得没有把握的事。"——卡耐基

（6）"即使是好心的称赞，也必须恰如其分。"——培根

互动交流 1 鼓励的价值

19世纪初，伦敦的一个年轻人心怀着成为一名作家的梦想，但他的生活却充满了困难和挫折。他的父亲因为无法偿还债务而被判入狱，使得这个年轻人只接受了不到4年的正规学校教育。他的家庭陷入了贫困，他自己也饱受饥饿之苦。

然而，这个年轻人对写作的热情从未减退。他在一家破旧工厂的仓库找到了一份负责粘贴标签的工作。白天，他辛勤工作，晚上则与另外两个贫民窟的男孩挤在一个阴暗的小阁楼里过夜。他对自己的写作才华毫无信心，每次都在深夜偷偷溜出去把自己的稿子投进邮筒，因为他害怕被人嘲笑和拒绝。

他写了又写，然而没有一篇作品被采用。他的努力似乎毫无回报，他开始怀疑自己的才华和梦想。然而，命运在某一天发生了转折。他怀着焦虑和不安将一篇作品寄给了一家出版社，几天后竟收到了来自编辑的回信。他发现自己的作品获得了认可和赞赏。尽管他没有收到任何稿费，但那封信中的赞扬和鼓励让他激动不已。

年轻人因这突如其来的认可而欣喜若狂，他的眼泪夺眶而出。那一刻，他意识到自己的生活将会有所改变。那位编辑的鼓励使得他重新点燃了对写作的热情和信心。

他决定继续努力，不再被困难和挫折所阻挠。这个年轻人就是查尔斯·狄更斯，英国著名的作家。他的代表作品有《匹克威克外传》《雾都孤儿》和《双城记》等。

讨 论

引导学生进行以下活动：

1. 思考并讨论：那位编辑的回信对这个年轻人有什么影响？为什么这个简单的赞扬和鼓励对他如此重要？

2. 思考并讨论：这个故事给我们传达了什么样的鼓励和启示？你认为在生活中，为什么鼓励他人也可以帮助我们自己？

3. 引导学生进行体验式活动：请让我来帮助你。

（1）将 8~10 个学生分成一组，给每人提供一张 A4 白纸、一盒彩笔。

（2）请学生用简单的话描述出一个自己需要获得鼓励和帮助的场景，并写在 A4 纸上。如我有一道数学题想了很长时间还没有做出来；我和朋友吵架了，怎么做才能够重归于好……

（3）请学生将自己的名字写在 A4 纸的右上角，之后将 A4 纸交给右手边的伙伴。当伙伴拿到同学们流转过来的写着困扰与期待的 A4 纸时，要努力思考，认真分析，在 A4 纸上写下自己的意见和建议。

（4）等到 A4 纸流转到本人手中后，请同学们认真阅读自己手里的 A4 纸，将同学们的鼓励、激励和具体解决问题的方法认真记下来，有不明白的地方可以进行相互交流。小组内进行分享，谈谈这个活动对自己的启发。

（5）每个小组推荐一名学生在班级进行分享。优秀者可以给予一定的奖励。

评 析

成功的赞美给予他人愉悦和鼓舞，同时也为赞美者带来快乐和幸福。赞美如同春天的阳光能够吸引并拉近两颗陌生的心，使他们感到温暖。赞美就像林中的清泉，使得友谊之树常青，友谊之花灿烂绽放。通过本次互动交流活动，同学们认识到鼓励的重要性和必要性，在活动中认真练习了鼓励他人的方法和技巧，提高了赞美和鼓励他人的能力。

扩 展 习 题

1. 尽管你的朋友在体育比赛中没有取得好成绩，但是付出了很多努力，你应该怎么表示赞赏？（   ）

A. 你的表现太差了，完全没有发挥出水平

B. 你的成绩不好，但是至少你努力了

C. 你的成绩不理想，你应该再加把劲

D. 虽然结果不如你期望的好，但我真的很欣赏你为此付出的努力

2. 鼓励对人的影响是什么？（　　　　）

　　A. 可能会让人感到自满和懒散　　　　B. 不会对人产生任何积极影响

　　C. 能够增强人的自信和积极性　　　　D. 可能会导致人过分自信和骄傲

3. 鼓励对人的成长和进步有何作用？（　　　　）

　　A. 可能会使人产生满足感，不再努力进步

　　B. 不会对人的成长和进步产生任何影响

　　C. 能够激发人的潜力，促使其不断进步

　　D. 可能会使人过分自信，不再努力改进

答案：D　C　C

互动交流 2　用鼓励代替责备

在卡耐基小的时候，他被公认为是一个淘气的孩子。他生活在弗吉尼亚州乡下的一个贫穷家庭，而他的继母来自一个相对富裕的家庭。

当他 9 岁的时候，他父亲将继母带回家。父亲一边向继母介绍卡耐基，一边说："亲爱的，你要注意这个全郡最调皮的坏孩子，他总是让我头疼。也许明天早晨之前，他会拿石头扔你，或者做出其他令人头疼的事情，总之，你得小心应对。"

然而，卡耐基的继母微笑着走到他面前，抚摸着他的头，然后对父亲说："你错了，他不是全郡最坏的男孩，而是最聪明的男孩。他只是还没有找到发泄热情的出口。"

在卡耐基的心里，继母的话让他感到温暖而激动，他几乎忍不住要流下眼泪。这句话成为他们之间建立情谊的基础。更重要的是，这句话成为激励他成功的一种动力，引导他创造了 28 项黄金法则，帮助了无数普通人走向成功和财富的光明大道。在继母出现之前，没有人曾赞扬过他的聪明才智，他的父亲和邻居都认为他是个坏孩子。然而，继母的一句话改变了他的人生轨迹。

当卡耐基 14 岁时，继母为他买了一部二手打字机，并对他说她相信他会成为一位作家。卡耐基受到了继母的鼓励，并开始向当地一家报纸投稿。他亲眼看见了继母如何以她的热忱改善了他们家庭的情况，他对继母的热忱感到敬佩。这股来自继母的力量激发了他的想象力和创造力，帮助他成为 20 世纪最有影响力的人物之一。

讨 论

引导学生进行以下活动：

1. 思考并讨论：在这个故事中，卡耐基的继母是如何改变他的人生轨迹的？

2. 思考并讨论：为什么鼓励和赞扬对每个人都是重要的？它们对我们的心态和行为有什么影响？

3. 引导学生进行体验式活动：解忧杂货店。

（1）将学生 4~6 人分成一组。每人发一张卡片。

（2）请学生将自己最近遇到的一件烦恼的事情写在卡片上，包括事情的缘由、涉及的人物、困扰的原因、糟糕的结果等。

（3）收集本组学生写好的卡片，与相邻小组收集的卡片进行互换。

（4）将与相邻小组互换而来的卡片逐一展开，经过本小组同学的讨论，进行认知重构和思维反转，从积极、正向的视角重新看待这些原本看似令人烦恼的事情。运用语言的魔力，对这些负面的事情给予正面的解释。

（5）每个小组将负面陈述都转换为正面或中性的表述之后，把卡片再还给相邻的小组，小组间分享并讨论转换策略。

评析

鼓励和称赞对每个人都是有益的。每个人都需要鼓励，特别是在他们感到挫败时。我们都有缺点和不足，这是不可避免的。当我们劝告他人时，我们应该用鼓励的话语代替责备。因为责备只会使人感到不自信，而鼓励则能增加他们的信心和斗志。在与他人交流时，一句真诚的鼓励可以帮助他们重新树立自信。这些鼓励的话语会让对方感动甚至感激。每个人都希望与那些能够鼓励和激励他们向前的人交往，而不希望与那些只会说消极话的人交往。通过本次互动交流活动，同学们学会运用认知重构的视角和积极正向的语言，为消极负面的事情赋予新的意义。所以从现在开始，学会真诚地鼓励身边的人吧！

3.10　和蔼可亲的态度是永远的介绍信（适合高中生）

在我们的日常生活中，社交是无法避免的一部分。无论是在学校、社区还是未来的职场，我们都需要与他人进行交流和互动。而和蔼可亲的态度，将成为我们永远的介绍信。

一个和蔼可亲的人往往能够赢得他人的喜爱和信任。他们愿意倾听他人的意见和需求，给予他人积极的肯定和支持。无论是与同学、老师还是未来的同事相处，和蔼可亲的态度都能够帮助我们建立良好的合作关系，共同实现目标。

通过本节的班会，希望大家能够意识到和蔼可亲的态度在社交中的重要性，并且在日常生活中积极践行。让我们以友善的眼光看待他人，用和蔼的态度与微笑对待他人，创造一个温暖和谐的社交环境。

请大家思考一下这些名人名言的意义，分享一下自己的感受。

（1）"人格成熟的重要标志：宽容、忍让、和善。"——卡耐基

（2）"对上级谦恭是本分，对平辈谦逊是和善，对下级谦逊是高贵，对所有的人谦逊是安全。"——亚里士多德

（3）"温和比强暴更有希望获得成功。"——拉封丹

（4）"君子莫大乎与人为善。"——孟子

（5）"在人生道路上能谦让三分，就能天宽地阔。"——卡耐基

（6）"愈是睿智的人，愈有宽广的胸襟。"——斯达尔夫人

（7）"只有宽广而聪慧的心灵始终能发现友爱之情。"——海涅

互动交流 1　真诚的微笑

威廉·怀拉曾是一位耀眼的全美职业棒球明星球员。然而，由于体力衰退，他在40岁时被迫退休。退休后，他没有选择继续享受明星待遇，而是主动去应聘保险公司的推销员职位。他以为凭借自己的知名度和经验，应该能轻松被录取，然而却遭到了淘汰。

人事经理告诉他："保险公司的推销员必须有一张迷人的笑脸，而你却没有。"威廉听了经理的话，没有气馁，反而决定放下身段，回家苦练笑脸。他每天在家中放声大笑百次，搞得邻居都以为他发疯了。经历了一段时间的练习后，他再次去见经理，但经理仍然说："还是不行。"

威廉并没有因为经理的再一次否定而气馁，相反他更加努力地练习微笑。有一天，他在外面散步时偶遇社区管理员，他自然地对管理员微笑并打了个招呼。管理员感叹地说："威廉先生，你看起来跟过去不太一样了。"以前，他虽然也会微笑和跟人打招呼，但从不对社区管理员这样做，也不愿意对自己不喜欢的人微笑。但是现在，他放下了明星的架子，朝管理员微笑了一下。这个意外的反馈让威廉突然明白，他每天练习微笑并不是发自内心的，而是为了获得这份工作。于是，他改变了自己的想法，对每个人都发自内心地微笑。

威廉发现，当他用真诚的微笑面对他人时，他的微笑变得更加迷人。他意识到，不管一个人多么富有或是心高气傲，生活的压力和挑战都会让他低下头。威廉曾经是一个耀眼的体育明星，但是退休后，他没有继续摆明星的架子。相反，他主动应聘推销员的工作，面对那位挑剔的经理毫不气馁，最终征服了对方。

威廉的微笑被称为"价值百万美元的微笑"，他用这个迷人的微笑征服了许多客户，

取得了成功。

讨论

引导学生进行以下活动：

1. 思考并讨论：为什么威廉在练习微笑时总得不到经理的认可？他是如何改变自己的想法的？

2. 思考并讨论：为什么威廉的微笑被称为"价值百万美元的微笑"？他通过微笑取得了怎样的成功？

3. 引导学生进行体验式活动：快乐大转盘。

（1）将学生分成两组，围成两个同心圆，圆圈中的人面对面站立。

（2）指导语："亲爱的同学们，在你的面前，是你想结识的朋友。你有3种选择，与对方'微笑、握手、拥抱'。当你想微笑时，伸出1个手指高举至肩；当你想与对方握手时，伸出2个手指高举至肩；当你想和对方拥抱时，伸出3个手指高举至肩。如果对方伸出的手指数与你一样，你们就可以按照自己的选择微笑、握手或者拥抱。如果你们双方伸出的手指数目不相等，你和你面前的人就什么都不要做。"

（3）结束第一轮伸出手指的游戏后，请站在内圈的同学"向右迈一步"，与另外一位面对面的同学继续重复以上的动作。直到轮转到最初面对面的同学时，游戏结束。

（4）请同学分享做游戏的心得，说一说当与对面的人达成一致时的感受和达不成一致时的感受。

评析

在人际交往和认知过程中，人们往往更愿意接近自己较为亲近的人。我们喜欢待在熟悉的环境中，与友善且熟悉的朋友交流。这种熟悉的环境让我们感到安全，同时也让交流更加密切和有趣。

互动交流 2 学会自然地交流

雯雯是职场上一名优秀的员工，但她在与同事相处时却遇到了一些困扰。她曾经在几个工作岗位上都遇到了相似的问题，离职的原因都是与同事的相处让她感到压抑和疲惫。

她开始感到困惑和不解，为什么她与同事相处总是那么难以融洽？她觉得自己在工作中很努力，也尽力保持礼貌和友善，但为什么还是无法与同事们建立良好的关系呢？

为了寻求答案和排解心中的烦恼，雯雯找到了她的闺中好友婷婷。她向婷婷抱怨说，她感到与同事相处特别累，好像每个人都对她保持距离，不愿与她亲近。

婷婷静静地听着雯雯的诉说，然后问了她一个关键的问题："你对别人说话也像对我这么说吗？"雯雯想了想说："没有。和其他人相处我总是以礼相待，也很少说自己的事情。"婷婷微笑着说："这就是问题所在了，你总是一板一眼的，谁也不敢太接近你，生怕在你面前说错话惹你生气。如果你能像和我一样同别人自然地交流，别人就会愿意接近你了。"

雯雯对婷婷的建议半信半疑，但还是决定按照她说的去试试。她开始主动接近办公室里的一个女孩，因为她发现她们有很多共同的爱好。雯雯努力放松自己，用一种自然的方式与这个女孩交流。雯雯主动找她聊天，分享一些工作上的困扰和生活中的趣事。

经过一段时间的努力，雯雯发现这个女孩为人踏实、善良，也逐渐对她敞开心扉。她开始主动将自己的一些小心事和小秘密分享给女孩，雯雯也感到自己被信任，这种相互间的信任逐渐加深了她们的关系。最终，她们不仅成了关系亲近的好同事，还成了好朋友。

讨 论

引导学生进行以下活动：

1. 思考并讨论：为什么雯雯觉得自己很努力并保持礼貌和友善，但仍然无法与同事们建立良好的关系？

2. 请同学举例说说若想拉近彼此关系，还可以怎样做。

3. 引导学生进行体验式活动：发"糖豆"。

（1）将学生4~6人分成一个小组，发放若干彩色贴纸和一盒彩笔。

（2）请同学们通过头脑风暴，将能够赞美他人的词汇尽可能多地写出来。可以从外貌、服饰、体态、肤色、声音、性格、品质、行为、特长等各个方面收集用来赞美同学的词汇。将词汇写在彩色贴纸上，之后尽可能精心地折叠起来，做成"糖豆"。

（3）将所有"糖豆"放在一个精心装饰的盒子内，可以给盒子起一个美好的名字（如糖豆坊、蜂蜜罐、能量池等）。之后请每位同学从盒子里面取出3颗"糖豆"，展开后认真阅读上面的词语，用心体会含义。

（4）邀请几位同学进行分享。活动结束后可以把"糖豆"折叠好再放入盒子中。将盒子放在班级比较明显的地方。当哪位同学感到压力大、心情不好的时候，可以自行从盒子里面取出几颗"糖豆"，振奋精神，减压赋能。

评 析

亲和力，作为人际交往中的关键"润滑剂"，对于维持和增强人际关系起着至关重要的作用。通过本次互动交流活动，同学们深入理解了亲和力的多维内涵，学习了一系列实用的沟通技巧，如真诚地微笑、自然地交流等。运用赞美的表达方式，能够显著提升学生的社交敏感度和情境适应能力，从而增加他们的个人魅力。随着同学们对亲和力及其运用策略的不断掌握，他们将能够更加自如地建立和谐的人际关系，提升团队合作的默契度，并在各种社交场合中展现出卓越的交往技能。

扩 展 习 题

1. 亲和力是指人际关系中的一种能力，下列哪个选项最准确地描述了亲和力的含义？（　　　）

    A. 追求个人利益的能力　　　　　　B. 建立和维持良好关系的能力

    C. 在团队中发挥领导作用的能力　　D. 解决冲突和矛盾的能力

2. 以下哪种行为不符合亲和力的特点？（　　　）

    A. 倾听他人的观点和意见　　　　　B. 关心他人的感受和需求

    C. 忽视他人的存在和需求　　　　　D. 尊重他人的个人空间和隐私

3. 亲和力的培养可以通过以下哪种方式进行？（　　　）

    A. 学习有效沟通和解决冲突的技巧

    B. 培养自我中心和个人利益至上的思维方式

    C. 忽视他人的感受和需求

    D. 不与他人建立良好的人际关系

答案：**B　C　A**

第四章 目 标 领 航

4.1　一切梦想都能实现，只要我们有勇气追求（适合小学低年级）

每个人都有自己独特的梦想，这些梦想可能涉及自己的未来职业、个人成就，以及对世界的贡献等。而我们作为小学生，或许还不太清楚如何实现这些梦想，但没有关系，因为梦想的实现无关年龄大小，只在于我们是否愿意为之努力。

想象一下，如果我们没有勇气去追求自己的梦想，那么这些梦想只会停留在脑海中，永远无法变为现实。而拥有勇气就意味着我们要去克服困难、面对挑战，甚至要面对失败和挫折。但正是这种勇气和坚持不懈的努力，才能让我们逐渐接近梦想的实现。

1. 名人名言

在我们探索梦想这个主题的同时，我想与大家分享一些名人名言，这些名言可以给我们启发和思考。我想邀请大家思考一下这些名人名言的意义，你们对这些名言有什么理解？我们可以一起分享一下。

（1）"一个人有了远大的理想，就是在最艰苦困难的时候，也会感到幸福。"——徐特立

（2）"追求一个梦想是一种绝大的幸福和快乐。"——罗曼·罗兰

（3）"生命是一张弓，那弓弦是梦想。"——罗曼·罗兰

2. 罗森塔尔效应

罗森塔尔效应也被称为"皮格马利翁效应"或"人际期望效应"，是由美国心理学家罗森塔尔和雅各布森在1968年提出的一种社会心理现象。这项理论源自他们的一项经典实验。学年开始时，他们对学生进行了一项智力测验，并且告诉教师，这项测验不仅能测定智商，还能鉴别出在这一学年里进步快、超出平均水平的学生，不管他们当前的成绩如何。测验后，他们给了老师一份名单，说名单上的学生拥有过人的智力水平，极具发展潜能。尽管这些名字实际上是研究者从班级学生名册中随机挑选出来的，但教师并不知道这一点。因此，这些儿童和班里其他儿童之间的

差别，只是存在于教师的心目中。学年结束时，再进行智力测验。结果发现，那些出现在名单中的学生，智商分数平均增长 12 分以上，而其他学生只增长 8 分。低年级中，这种差异甚至更大：出现在名单中的一年级和二年级学生，几乎有半数智商分数增长 20 分或 20 分以上。

这些学生的进步，很明显是教师对他们寄予更高期望的结果。这种期望使得教师在这些学生身上花了更多的时间，对他们更有热情。这种现象表明，教师的高期望值——即使是基于错误的信息——也能够正面影响学生的实际表现。

互动交流 1 梦想的实现

曾经有三个农民工一起来到城市打工，他们都是最普通的建筑工人。炎炎夏日，他们光着膀子在烈日下辛勤地砌砖。汗水湿透了他们的衣衫，背上晒得黝黑，仿佛融入了那一块块黑黝黝的砖头中。

一天，一位记者来到工地采访这三个农民工，问道："师傅们，你们辛苦了。请问，你们在做什么呢？"一个工人愁眉苦脸地回答道："还能干什么，比要饭的强不了多少，吃着猪狗食，干着牛马活儿，活着一点儿盼头都没有。"第二个工人则说："我正在砌墙，为了养家糊口，挣点钱过活。"而第三个工人认真思考了一下，他慢慢地说："我正在参与建造高楼大厦，这将是整个城市的地标性建筑，是一个令人难以想象的伟大项目。我觉得自己很伟大，因为我参与了这座让人心潮澎湃的建筑物的建设。我相信将来我也能成为一名建筑设计师，为城市设计和建造独特且意义非凡的建筑。"

如此过了若干年，第一个工人依然面带愁容地在建筑工地上辛勤工作，生活没有什么改变。第二个工人成了一个小小的队长，负责管理着几个工人的工作，情况比之前稍微好了一些。而第三个工人实现了自己的理想，成了一名建筑设计师。每天，他身着专业服装出入高档写字楼，有时还会到工地上指导工作，享受着成就带来的荣耀。

讨论

引导学生进行以下活动：

1. 思考并讨论：同样是建筑工人，为什么第一个和第二个工人都不能成为设计师，只有第三个工人能成为真正的设计师呢？

2. 引导学生进行体验式活动：画出我的梦想。

（1）将学生 4~6 人分成一个小组，每位同学发放一张白纸，每个小组发放一盒彩笔。

（2）请同学们闭上眼睛，想象一下：长大后的自己将从事什么职业？在哪里工作？

和谁在一起？穿什么衣服？拿什么工具？

（3）请同学们将脑海中的形象画到白纸上，并签下自己的姓名，标注日期。

（4）小组内的同学进行分享，并推选一位代表在班级同学面前分享。

（5）将每一位同学的画作张贴在教室的宣传栏内，拍照留念。

评 析

每个人都有自己的梦想，但只把它放在心里是不够的，需要勇敢地说出来。因为一旦说出口，梦想就成了我们对自己的承诺。而告诉别人后，梦想也能成为激励我们进步的力量。通过本次互动交流活动，同学们认识到生活有时候就像在暗夜中航行一样，人生本身就没有明确的道路，因此有时我们可能会觉得迷茫和不知所措。但如果我们把心中的梦想描绘出来，而且通过不断的努力让梦想成为我们人生的引航灯，我们就能积极向上、不断进步。

扩 展 习 题

1. 实现梦想的关键是什么？（　　）
   A. 好运气　　　　　B. 后天努力　　　　C. 充足的睡眠　　　　D. 完美的条件
2. 实现梦想的第一步是什么？（　　）
   A. 设定目标　　　　　　　　　　B. 等待合适的时机
   C. 得到他人的鼓励　　　　　　　D. 放弃自己的梦想
   答案：**B　A**

互 动 交 流 2　　未来的梦想

珍妮是一位可爱的老师，她总是能够了解学生的内心想法，并以友善的态度对待他们，像朋友一样与他们相处。

有一天，珍妮老师提前结束了课程，于是她灵机一动，问学生们："同学们，你们的梦想是什么呢？"

珍妮老师话音刚落，学生们就像打开了话匣子一样，纷纷开口倾诉。有的学生说他们梦想成为优秀的老师，有的学生表示他们想成为医生，还有的学生立志要成为科学家，甚至有人梦想成为大官。

只有杰瑞的梦想与众不同，他说自己想去中国的西藏，亲眼见到布达拉宫的壮丽景观，还想去九寨沟领略人间仙境般的美丽风光。不仅如此，他还雄心勃勃地表示想去非洲看狮子，并且还想与狮子合影！这番理想不仅让珍妮老师感到难以置信，其他同学也表示怀疑。

　　过了许多年，已经退休的珍妮老师突然想起了当年学生们的梦想，对杰瑞的现状感到非常好奇。她立刻翻出通讯录，开始联系学生们。然而，让她震惊的是，有一个学生竟然完全忘记了自己的梦想，告诉珍妮老师："老师，你还记得杰瑞吗？他非常厉害呢，现在是一家旅行社的老板，不仅走遍了世界上的每一个角落，还在策划送人去月球旅行呢！"珍妮老师大吃一惊，不知道杰瑞是如何实现这一切的。

　　得知杰瑞的公司地址后，珍妮老师迫不及待地去拜访杰瑞。或许是因为游历了几万里路，杰瑞看起来与小时候完全不同。那个曾经羞涩的男孩已经消失了，站在珍妮老师面前的是一个自信、成熟且极其成功的杰瑞。珍妮老师激动不已，杰瑞笑着说道："老师，我真的实现了自己的梦想。"

讨 论

　　引导学生进行以下活动：

　　1. 思考并讨论：为什么杰瑞的梦想听起来难以实现，而杰瑞却做到了？

　　2. 给每位同学发一张彩色纸，让同学把梦想简单地写在上面，不会写的字可以用拼音代替；写完后老师教学生把彩色纸折叠成飞机的样子，在操场上放飞自己的"梦想"。

　　3. 请一位同学分享自己的梦想：你能给大家说说你的梦想吗？你打算怎么做去实现它呢？有同学能帮助他/她补充吗？

评 析

　　每个人都有自己的梦想，我们不能嘲笑别人的梦想，也不应因为别人嘲笑自己的梦想而感到沮丧和绝望。人生虽然短暂，但也足够漫长，足够我们去追求和实现梦想。通过本次互动交流活动，同学们认识到梦想从来不会等待任何人，生命也不容许毫无意义的消耗。如果你心中有了一个梦想，我们就要迅速行动起来，竭尽所能去实现未来的目标！

扩 展 习 题

　　1. 实现梦想需要哪种品质？（　　）

　　　A. 贪心和自私　　　B. 忍耐和毅力　　　C. 懒惰和放纵　　　D. 冲动和急躁

　　2. 小康的梦想是成为一名画家，下列哪个行为是支持小康实现梦想的呢？（　　）

　　　A. 每天看电视和玩游戏　　　　　　B. 每天想象自己是画家

　　　C. 只在闲暇时间画画，不认真学习　　D. 参加美术培训班，学习绘画技巧

　　答案：B　D

4.2 没有崇高的理想就没有伟大的目标 （适合小学高年级）

在我们的人生旅程中，是否曾经有过迷茫和无助的时刻？是什么让我们重新找到前进的方向？是什么让我们勇敢地朝着目标努力？

或许，正是那个崇高的理想与伟大的目标，在我们的心中点燃希望的火焰，激励我们不断奋发向前。它们是我们人生的指南针和动力源泉。

想象一下，如果没有爱因斯坦有关相对论的伟大构想，我们也许永远不能探索宇宙的奥秘；如果没有马克思有关社会主义的深远愿景，我们也许无法看到人类社会的进步和对公平正义的追求。

正是这些崇高的理想、这些伟大的目标，让他们以自己的智慧和努力，将梦想变为现实。就像雄鹰能够展翅高飞一样，我们也可以通过不断追求崇高的理想，展开属于我们自己的精彩人生旅程。

1. 名人名言

请大家思考一下这些名人名言的意义，分享一下自己的感受。

（1）"在理想的最美好的世界中，一切都是为最美好的目的而设。"——伏尔泰

（2）"每个人都有一定的理想，这种理想决定着他的努力和判断的方向。"——爱因斯坦

（3）"人类总有一种理想，一种希望。虽然高下不同，必须有个意义。"——鲁迅

（4）"没有目标的生活是向机会投降。"——纪德

（5）"你决定人生追求目标之后，你就做出了人生最关键的选择。要能如愿，首先要明确你的愿望。"——道格拉斯·勒顿

2. "投射效应"

"投射效应"是一种认知偏误，指的是个体倾向于将自己的情绪、想法、特质、动机或心理状态不自觉地归因到他人身上，认为他人也有着与自己相似的内在体验。这种心理现象源于自我认知的局限性和对他人心理状态的主观推测，常在无意识中发生。个体倾向于使用自己的经验、情感和认知结构作为理解他人的模板。这种认知偏差帮助人们快速处理信息，但也可能导致误解和偏见。

互动交流 1 心态的影响

从前有一个年轻人踏上了一段旅程，来到了一片绿洲。在此地，他邂逅了一位智

慧、慈祥的老者。年轻人充满好奇地问道："这里的风景一定很美丽吧？"老人微笑着反问："年轻人，你的故乡又是如何呢？"年轻人皱了皱眉头，不满地回答："哎呀，我的家乡真是糟糕透了！景色一点儿都不好看，环境也很差！我真的一点儿都不喜欢！"老人听完年轻人的回答，他一脸忧伤地对年轻人说："这里也同样的糟糕！"

没过多久，又有一位年轻人来到了这片绿洲，他对老人提出了同样的问题："这里的风景美丽吗？"老人依然先问年轻人："你的故乡又是如何呢？"这位年轻人脸上洋溢着自豪和喜悦，他激动地回答："我的家乡非常美！青山绿水，鸟语花香，我真的很想念家乡的景色……"老人听完年轻人的回答，眼睛里闪烁着欣喜的光芒，他开心地对年轻人说："这里也同样美！"

周围的人听了老人的话，都感到有些不解，他们纷纷询问老人为何前后说法不一致。老人微笑着解释道："你想要发现什么，你就会收获什么。"

讨 论

引导学生进行以下活动：

1. 思考并讨论：这个故事传达了怎样的道理或者启示？你从中学到了什么？

2. 引导学生进行体验式活动：我来比画你来猜。

（1）游戏背景：这个游戏的内涵在于其能够促进参与者之间的深度沟通与相互理解，进而增强团队协作能力。同时，游戏也考验着参与者的想象力和观察力，要求他们快速捕捉信息，灵活应对各种情况。此外，游戏的快节奏和不确定性还能锻炼参与者的反应速度，提高他们的应变能力。这个游戏不仅是一种娱乐方式，也是一种寓教于乐的教学工具。它能够在轻松愉快的氛围中，增进参与者之间的友谊，加强团队的凝聚力，让每个成员都感受到集体的温暖和力量。

（2）游戏准备：设置不同的主题，例如动物、电影名称、成语、日常生活用品等，做成题签。这样不仅可以增加游戏的挑战性和趣味性，而且可以让每个人都能在自己擅长的领域发挥。

（3）游戏规则：①将学生4~6人分成一个小组，采取小组积分的形式提高学生的参与积极性。同学两两为一组参加比赛。一位能够看到题签，之后用肢体语言表达题签的内容，让同组的另一位同学迅速猜出题签的内容。

②对每个小组进行时间限定（如1分钟），看谁能在最短时间内猜对最多的题签。每猜对一个题签赢得1分。

③鼓励每位同学参赛，可以采用淘汰赛或者晋级赛等形式增加比赛的趣味性。最后以小组为单位进行积分累计，获得积分最多的小组为优胜组。

（4）游戏结束：为优胜组颁发一些小奖励。

评析

当我们用积极的心态去看一件事时，会看到许多美好的东西，而用消极的心态看待同样的事情时，我们往往会看到很多不美好的东西。换句话说，我们的看法决定了我们对待世界的方式。如果我们积极地看待世界，我们就会收获明媚的阳光和美丽的花朵；相反，如果我们消极地看待世界，我们将面对阴霾和困难。通过本次互动交流活动，同学们认识到每个人观察事物的角度和习惯都不一样，对客观世界的认知受到主观意识的影响，因此要善于反思和自省，不断纠正自己的认知偏差，才能做出正确的判断。

扩展习题

1. 为了在期末考试中取得好成绩，小璐经常告诉自己（　　　）。

   A. 我一定会失败，所以没必要努力

   B. 我可能失败，但我会尽力而为，争取成功

   C. 我从来没有失败过，所以我会轻松获得好成绩

   D. 无论我怎么努力，都无法改变我的成绩

2. 当你在学习一门新的学科或技能时，你的期望应该是什么样的？（　　　）

   A. 我认为自己无法掌握它，所以不会有太高的期望

   B. 顺其自然，没有期望

   C. 我相信只要努力，我一定可以学好它

   D. 觉得很困难，把精力用在别的事情上

答案：**B　C**

互动交流 2　　学会化整为零

曾经有一位年轻人，他25岁的时候失业了，陷入了贫困和饥饿的困境中。白天，他在马路上东奔西走，不是为了锻炼身体，而是为了躲避房东追债。他的生活变得一片灰暗，仿佛失去了希望。

然而，有一天，他在42号街上偶遇了一位金发碧眼的高个男子。他一眼就认出了这个人，原来他就是著名的俄国歌唱家夏里宾先生。年轻人曾在巴黎担任新闻记者，采访过夏里宾先生。他原本以为夏里宾先生已经忘了他，但没想到夏里宾先生竟然还记得他的名字。

夏里宾先生关切地问他："你最近忙吗？"

年轻人含糊地回答了他，他觉得夏里宾先生似乎已经看出了他的困境。

夏里宾先生突然提议："我住的旅馆在第103号街，百老汇那边，你愿意陪我一起

走过去吗？"

年轻人有些惊讶，现在是中午，而他已走了 5 个小时的路了。他说道："夏里宾先生，还要走 60 个街口，很远呢。"

夏里宾先生笑着回答："胡说，只有 5 个街口而已，但我不是说到我的旅馆，而是到第 6 号街的一家射击游艺场。"年轻人很诧异，这有些答非所问，但还是顺从地跟着他走了。

不一会儿就到了射击游艺场的门口，看到两名水兵好几次都打不中目标，他们轻松地笑着调侃了一番。然后他们继续前进。夏里宾先生笑着对年轻人说："现在只有 11 个街口了。"他们继续走着，很快来到了卡纳奇大戏院。夏里宾先生对年轻人说，他想看看那些购买月戏票的观众是什么样子的。于是，他们进入了戏院，欣赏了一段精彩的表演。夏里宾先生点点头表示满意，然后他们继续前行。

夏里宾先生兴致勃勃地说："现在，只有 5 个街口，我们就能到达中央公园的动物园了！你知道吗？那里有一只猩猩，它的脸看起来很像我认识的那位唱中音的朋友。我们去看看那只猩猩吧！"他们继续走了 12 个街口，终于来到了百老汇。他们停在一家小吃店的前面，橱窗里摆放着一坛咸萝卜。夏里宾先生很遗憾地告诉年轻人，由于医生的建议，他不能吃咸菜，只好通过橱窗望着那坛咸萝卜流口水。

尽管年轻人已经走了很长的路程，本应筋疲力尽，但奇怪的是，今天他并没有感到劳累。

他们就这样忽断忽续地走着，走到夏里宾住的旅馆时，他满意地笑着说："并不太远吧？现在我们吃饭去吧。"在他们准备用餐之前，夏里宾先生向年轻人解释了为什么要走这么多的路。他认真地对年轻人说："这是生活的艺术——你与你的目标之间无论有多遥远的距离，都不要担心。你要将精力集中在眼前的短短 5 个街口上，不要被遥远的未来困扰。时刻留意那些能让你在未来 24 小时内感到有趣的小事情。"

讨论

引导学生进行以下活动：

1. 思考并讨论：你现在有目标吗？你的目标是长期的还是短期的？是模糊的还是清晰的？

2. 引导学生进行体验式活动：制订旅游攻略。

（1）将学生 4~6 人分成一个小组，布置小组任务：做一份去海南旅游的攻略，并且采用思维导图的形式来呈现。

（2）可以限定差旅费用（如：1 万元）和旅游时间（如：5 天）等。也可以让学生们自由发挥。

（3）每个小组做完旅游攻略之后，在班级进行展示和解读，最后推选出"最佳性价比攻略""最省钱攻略""最有特色攻略""最豪华攻略"等,给予适当奖励。

评析

很多人会因目标过于远大,或理想太过崇高而轻言放弃,这实在是非常可惜的。然而,成功人士告诉我们一个实现目标的秘诀:设定次目标。通过设定一系列的次目标,我们可以更快地获得令人满意的成果。逐步实现这些次目标不仅可以减轻心理上的压力,还能增加成就感。这种成就感会增强我们的信心和勇气,进而鼓舞我们设定更远大的主目标和理想。在本次互动交流活动中,同学们通过设计旅游攻略,充分认识到目标分解的重要性和必要性,增强脚踏实地、知行合一的意识。在未来的学习和生活中,同学们也会养成细化目标、逐步落实的行为习惯,为实现那些曾经看似遥不可及的目标和理想而努力。

扩展习题

1. 小玉想要学会弹钢琴,她应该怎样做才有助于实现目标呢?(　　)

　　A. 买一架昂贵的钢琴作为激励

　　B. 参加钢琴比赛迅速提高水平

　　C. 坚持每天练习钢琴技巧

　　D. 上钢琴课时只学喜欢的曲子,不做基础练习

2. 将一个伟大的目标划分成小目标的好处是什么?(　　)

　　A. 可以更容易衡量和追踪进展

　　B. 可以省去努力和挑战,直接实现目标

　　C. 可以减少动力

　　D. 可以增加困难和挫折

3. 将一个伟大的目标划分成小目标的关键是什么?(　　)

　　A. 设定无关和随意的小目标

　　B. 让小目标比主目标更具挑战性

　　C. 忽略小目标的完成进度

　　D. 确保小目标与主目标保持一致

4. 如何树立崇高的理想并追求伟大的目标?(　　)

　　A. 不需要培养,崇高的理想和伟大的目标是天生的

　　B. 通过学习和观摩他人的成功经验

　　C. 通过设定具体和可行的目标

　　D. 依靠他人的帮助和指导,让他们为你设定目标

　　答案:C　A　D　C

4.3　成功的秘诀，在于永不改变既定的目标（适合初中生）

成功，对每个人来说都有不同的定义，但是我们都希望能够在自己的领域取得突破和成就。然而，成功并不是一蹴而就的，它需要我们拥有坚定的信念和毫不动摇的决心。在追求成功的过程中，我们会面临各种挑战和困难，但唯一不变的是我们既定的目标。

1. 名人名言

在我们探索目标管理的同时，我想与大家分享一些名人名言，这些名言可以给我们启发和思考。我想邀请大家思考一下这些名人名言的意义，你们对这些名言有什么理解？我们可以一起分享一下。

（1）"人最凶恶的敌人，就是他的意志力的薄弱和愚蠢。"——高尔基

（2）"告诉你使我达到成功的奥秘吧，我唯一的力量就是我的坚持精神。"——巴斯德

（3）"天下无难事，唯坚忍二字，为成功之要诀。"——黄兴

（4）"我像北极星一样坚定，它的不可动摇的性质，在天宇中是无与伦比的。"——莎士比亚

（5）"我们每日每时都必须注意培养自己的意志，任何时候，任何地方。"——列宁

（6）"我既然在寻找世界上需要的东西，我就一直地寻找下去，并且试着创造它。"——爱迪生

2. 哈佛大学的目标实验

哈佛大学在1953年曾经做过一个关于目标对人生结果影响的调查。一群智力、学历、环境、条件都相差无几的学生在走出校门之前，哈佛大学对他们进行了一次关于人生目标的调查。结果是这样的：

27%的人没有目标；

60%的人目标模糊；

10%的人有清晰但比较短期的目标；

3%的人有清晰且长远的目标。

25年后，哈佛大学再次对这群学生进行了跟踪调查，结果是这样的：

3%有清晰而且长远的目标的人：一直朝着同一个方向努力，成为社会各界的顶尖人士，他们中不乏白手创业者、行业领袖、社会精英；

10%有清晰但比较短期的目标的人：他们生活在社会的上层，他们的短期目标不断达成，成为行业专业人士，有很好的工作，比如医生、律师、公司高级管理人员等；

60% 目标模糊的人：他们生活在社会的中层或下层，尽管能够安稳地生活，但是没有取得什么大的成绩；

27% 没有目标的人：他们生活在社会底层，生活得十分不如意，不断抱怨社会和他人，经常失业，家庭也不幸。

哈佛大学的这项研究强调了目标设定在人生成功与幸福中的核心作用，提醒我们明确目标并为之持续努力的价值。

互动交流 1　目标的选择

有一位老人向他的子孙们讲述了一个有关目标的故事。他说："设定自己的目标，就像去森林里砍伐一棵树。森林里面有许多树，每个人都在森林的周围，都拥有自己的砍刀、斧头和电锯等伐木工具，可以随意选择一棵树砍倒并扛回家。"

他继续说道："在这些树里面，有你非常喜欢的，也会有你不喜欢的；有你用砍刀能够砍得动的，也有需要大斧头才能砍倒的；有你可以扛得动的，也有你扛不动的；有距离你家比较近的，也有距离你家非常远的，等等。"

"你应当选择一棵自己喜欢的、手里的砍刀能够砍得动、自己可以扛得动并且距离自己的家不远的那棵树。你不可以选择自己不需要的，也不可以选择自己非常不喜欢的；不可以选择自己用砍刀砍不动的，也不可以选择三两下就砍倒的；不可以选择自己扛不起来的，也不可以选择自己扛起来很轻松的；还不可以选择离自己家距离太遥远的。否则，别人都能够扛着自己砍伐的树回家，而你还没有将自己的那棵写着'成功'二字的树砍倒。"

讨论

引导学生进行以下活动：

1. 思考并讨论：在实际生活中，怎样才能确定一个适合自己的目标？有哪些评估标准可以使用？

2. 思考并讨论：在选择目标时，除了兴趣爱好外还有哪些因素需要考虑？

3. 引导学生进行体验式活动：种一棵"成功之树"。

（1）将学生 4~6 人分成一个小组，每个小组发一张白纸、一盒彩笔、一沓彩色贴纸。

（2）布置小组任务：首先设立一个小组共同的目标，如组织一次探险旅行、参加一次数学竞赛、策划一次升旗仪式等。

（3）在白纸上画一棵树，代表着小组已经达成共识的目标。之后请同学开动脑筋为这棵树"添枝加叶"。同学可以从目标的重要性、可行性、趣味性、适用性等方面提出自己的意见和建议，写在彩色贴纸上，按照不同的功能贴在"成功之树"上。树根代表基础准备，树干象征行动计划，枝叶则是期望成果。

（4）将每个小组的"成功之树"张贴在教室的黑板或墙壁上，请同学相互参观，集思广益。之后再回到本小组内对自己小组的"成功之树"进行修正和补充。

（5）小组成员在自己设计定稿的"成功之树"前面合影留念。对有创意的小组可以给予一定的奖励。

评 析

选择目标有一个重要的前提，那就是适合自己。充分了解自己，一定要倾听自己内心的声音。只有在考虑了自己的兴趣、能力、资源，以及目标的可行性和重要性后，我们才能更加聚焦并有效地朝着成功迈进。通过本次互动交流活动，同学们能够清晰地认识到，要想保证目标的顺利实现，需要有多种保障措施：首先是选择合适的目标，既不能好高骛远，也不要妄自菲薄；其次在目标设定之后，要细化行动方法，配置相应的资源，促成目标的实现，否则所谓的目标就只是自欺欺人的笑话罢了。

扩展习题

1. 在面对多个潜在目标时，选择哪个目标是最合适的？（　　）
    A. 最容易实现的目标　　　　　　B. 与个人优势和兴趣无关的目标
    C. 与他人期望相符的目标　　　　D. 对个人成长和发展有帮助的目标
2. 在制定目标时，应该考虑哪些因素？（　　）（多项选择题）
    A. 时间限制　　　B. 个人兴趣　　　C. 资源可用性　　　D. 具体行动计划
    答案：**D　ABCD**

互 动 交 流 2　信息的力量

在中国有一个农民创办的汽车集团，叫吉利汽车集团，董事长是李书福。他小时候对读书没有兴趣，成绩也不好，学历也不高，但他却成了在中国汽车行业中具有重要地位的汽车集团的老总。他热衷于拆解东西，家里有一辆破自行车，他就把自行车拆了，然后又装回去。改革开放后，李书福家里买了一辆摩托车，那么这辆摩托车的命运是怎样的呢？

李书福如果不把摩托车拆解，他的手就会痒痒，即使他的父亲打他，也无法阻止他。每次他拆解摩托车，他的父亲都会打他一顿，然后他再将摩托车装回去。尽管面临这样的惩罚，李书福仍然保持着勇敢无畏的精神，以最快的速度将摩托车拆解再装回去。

有些人天生适合读书，而有些人则不适合，但他们擅长实际操作。比如李书福，让他背一本书可能会费尽心思，但他具备出色的实际操作能力。

于是，李书福想到了一个主意：既然我有拆解和装配摩托车的本领，为什么不买摩托车的所有配件自己组装一辆新的摩托车呢？于是他便去购买摩托车的各种配件，然后自己组装了一辆全新的摩托车。接着，他又产生了更大的想法：如果我成立一家摩托车组装厂，将组装好的摩托车卖给别人，岂不是能赚更多钱？这时候，他作为一个企业家的思维开始显现出来。他给组装的摩托车起了一个品牌名，叫"吉利"。尽管摩托车的质量不太好，但价格便宜，结果在整个浙江地区风靡起来。

后来，李书福又有了造汽车的念头。但是，汽车的制造可不容易。长春一汽为了制造小轿车引进了德国技术，上海一汽生产桑塔纳也是引进了德国技术。于是有人开始警告李书福说："李书福，你太过分了吧？你能造摩托车还好说，你一个农民怎么可能造汽车呢？人家两大汽车公司都是从国外引进技术制造汽车的。"李书福回答说："造汽车有什么难的？不就是把两辆摩托车焊在一起吗？简单得很。"他真的将两辆摩托车焊接在一起，将把手换成了方向盘，并在上面加上了一个顶盖，最终制造出了第一辆"吉利"汽车。

讨 论

引导学生进行以下活动：

1. 思考并讨论：李书福的性格中有哪些和常人不一样的地方？你身上有这样的特质吗？

2. 引导学生进行体验式活动：穿纸术。

（1）将学生 4~6 人分成一组。每组发 2 张 A4 白纸、一把剪刀。

（2）布置小组任务：用剪刀将白纸剪成一个足够大的圈，注意不能将纸圈剪断。小组成员需要顺利地从纸圈中穿过，用时最短的小组获胜。

（3）第一次练习。请小组同学在不用计时的条件下，认真思考如何剪开白纸，且不能剪断纸圈。剪成纸圈之后再练习如何迅速地穿越纸圈并且保持纸圈的完整。

（4）第二次比赛。统一开始计时，用时最短且纸圈保持完整的小组获胜。并且给予一定的奖励。

评 析

人生就是一种突破，无论遇到怎样的挑战和质疑，只要我们坚信自己的目标，勇敢行动，并持续努力追求，就能够克服困难、实现梦想。通过本次互动交流活动，同学们知道了面对一个貌似不可能完成的任务时，只有集思广益，相互协作，才可以变不可能为可能，增强了克服困难的信心和勇气；同时也领悟到只有采用创新思维方法，并且勇于去尝试，才能够解决棘手的问题。我们每个人都有自己的优势和擅长领域，只要找到并发挥出来，就有可能创造出属于自己的成功。

互 动 交 流 3 坚持迎来成功

在一个宁静的小镇上，居住着一位名叫李杰的青年。自幼，他便对书法情有独钟，那独特的笔墨韵味，总能引起他内心深处的共鸣。然而，初涉书法的他，写的字并不尽如人意，甚至因字迹潦草而在学校受到老师的批评。但这并未打消他内心的热情，反而更加坚定了他成为一名书法家的梦想。后来他遇到了一位对书法有着深厚的理解和造诣的启蒙老师——张老师。

一天，李杰拿着自己练习的作品来到张老师家中请教："张老师，我感觉自己的字总是一成不变，是不是我没有这方面的天赋？"张老师看着李杰，微笑着回应："天赋固然重要，但持之以恒的努力更为关键。王羲之洗笔成池，方有《兰亭序》这样的传世之作。只要你能坚持下去，不怕艰辛，终有一天会成就一番事业。"自那以后，李杰每天清晨第一件事就是铺纸研墨，沉浸在书法的世界中，夜深人静时才放下笔。他的生活变得简单而纯粹，除了工作，几乎所有的时间都献给了书法。起初，他的进步并不明显，但他并未因此而气馁，继续默默坚持。

几年过去了，小镇上举办了一场盛大的书法比赛。李杰鼓起勇气，报名参加了比赛。在比赛中，他凭借一幅行云流水般的《赤壁赋》作品，赢得了评委和观众的一致好评，最终摘得了桂冠。李杰的名字开始在书法界传开，但他并未因此而骄傲自满。他深知，这一切的成就都离不开自己多年的努力和坚持。于是，他更加谦逊地面对每一次的挑战和机遇，不断提升自己的书法技艺。最终，李杰不仅成为一名受人尊敬的书法家，还开设了自己的书法班。他将自己的经验和技艺传授给更多像他一样怀揣梦想的人，鼓励他们坚持下去，不畏艰难，追求自己的梦想。

讨 论

引导学生进行以下活动：

1. 请同学讲解一下王羲之"洗笔成池"的故事，并分享对张老师说的一席话的理解和感悟。

2. 引导学生进行体验式活动："聚焦"的威力。

（1）将学生4~6人分成一个小组。每组准备一个放大镜、一张白纸或者报纸。

（2）选择天气晴好、阳光灿烂的日子，以小组为单位，在保证安全的前提下，在户外用放大镜聚焦太阳光点燃报纸。

（3）用时最短点燃报纸的小组为优胜组。请胜出的小组派出代表分享成功的经验，并且给予一定的小奖励。

评析

在当今快速发展的时代，对个体的期望已逐渐从追求广泛的知识涉猎转变为专注于某一领域的深度钻研与成长。随着社会的进步和技术的日新月异，社会分工越来越精细，各种专业领域如雨后春笋般涌现，这标志着我们正步入一个前所未有的高度专业化时代。通过本次互动交流活动，同学们能够深刻认识到，在人工智能即将普及的时代背景下，深耕一个领域并持之以恒地努力，不仅是个体在竞争中脱颖而出的关键因素，更是成就卓越事业的必经之路。就像放大镜的聚焦点一样，一个人如果缺乏专注与毅力，或者做事情总是半途而废的话，是很难获得真正的成功体验的。

4.4 在瞄准遥远目标的同时，不要轻视近处的东西（适合初中生）

"千里之行，始于足下。"目光长远是好事，但路却要一步步走。每个人都有自己的梦想和目标，有些是短期的，有些则是长期的。追逐远大的目标的同时，我们时常会忽略身边发生的事情，以及那些看似微小但实际上却非常重要的细节。

因此，我们将共同探讨如何在追求远大目标的同时，兼顾眼前的事物，为我们的成长和发展打下坚实的基础。每一个小步骤、每一个学习的机会、每一个人与人之间的互动，都是我们追逐梦想过程中不可或缺的一部分。因此，我们不能忽视身边的人、事和物，更不能忽视我们每天所经历的日常生活。要想实现远大目标，我们需要有扎实的基础和对眼前事物的认真态度。

1. 名人名言

请大家思考一下这些名人名言的意义，分享一下自己的感受。

（1）"人们往往忽略近在眼前的事物，而一味渴求远在天边的东西。"——小普林尼

（2）"最值得高度珍惜的莫过于每一天的价值。"——歌德

（3）"千里始足下，高山起微尘。"——白居易

2. 关于目标的 SMART 原则

SMART 原则的提出通常归功于管理学大师彼得·德鲁克，这一原则最初在他的著作《管理的实践》中被提及，并在后续的管理理论发展中得到广泛的应用和阐释。

（1）含义：SMART 原则是设定目标时应遵循的一套准则，旨在确保目标的具体性、可衡量性、可达成性、相关性和时限性。具体来说，SMART 代表以下几个方面：

① Specific（具体性）：目标应当清晰明确，避免模糊不清，让人一看即知要达成什么。

② Measurable（可衡量性）：目标需要有量化指标，以便于跟踪进度和评估成果。

③ Achievable（可达成性）：目标应当具有挑战性但又切实可行，既不过于容易也不过于困难。

④ Relevant（相关性）：目标应与个人、团队或组织的更大愿景、使命和战略相契合。

⑤ Time-bound（时限性）：目标应设定完成的截止日期，强调时间框架。

（2）在教育领域，SMART 原则同样具有重要的应用价值和深远的意义：

① 目标导向学习：帮助学生设定清晰、可衡量的学习目标，让学生明白学习的方向和目的，提高学习的主动性和效率。

② 个性化发展：鼓励学生根据自身情况设定既有挑战性又可实现的目标，促进个性化学习路径的规划。

③ 自我评估与反思：通过可衡量的标准，学生可以定期评估自己的学习进度，及时调整学习策略，提高自我管理能力。

④ 动机与成就感：明确的时间限制和可达成的目标设置，可以激发学生的积极性，完成目标时获得的成就感进一步增强学习动力。

⑤ 计划与执行能力：应用 SMART 原则设定目标的过程本身就是一个计划与执行能力的训练过程，这对于学生未来的职业发展至关重要。

总之，SMART 原则不仅适用于职场管理，也深刻影响着教育领域，帮助教育者和学习者建立更加系统、高效的学习目标管理体系。

3. 洛克定律

洛克定律又称"篮球架原理"。美国马里兰大学心理学教授埃德温·洛克提出，目标并不是越高越好，更不应该不切实际。一个像篮球架一样"跳一跳能够得着"的目标，才是最能激发人们积极性的。这一理论最初形成于 1968 年，是目标设置理论的一个重要组成部分。洛克定律的核心内容指出：当人们设定的目标既具有未来导向性，又具有适度的挑战性时，这些目标最为有效，能够最大限度地激发个体的动机和表现。

互 动 交 流 ① 凭智慧取胜

有一年，国际马拉松比赛在日本举行。这是一场备受全球瞩目的盛事，各国选手齐聚一堂，争夺桂冠。在这个比赛中，出现了一个令所有人意想不到的情况。

冠军得主名叫山田本一，他之前一直默默无闻，鲜为人知。他身材看起来相对矮小，并没有那些强壮选手般的体格。出人意料的是，他竟然在这场激烈的马拉松比赛中脱颖而出，获得了冠军。

比赛结束后，众多记者纷纷赶来采访山田本一，想要知道他是如何取得胜利的。然而，山田本一却只是简洁地回答说："凭智慧取胜。"

这个回答让记者们感到困惑和不满意。众所周知，马拉松比赛是一项极限运动，极大考验参赛者的耐力和体力，与智慧似乎没有任何关联。因此，大家以为山田本一是在故弄玄虚，对他的回答不甚满意。一些人认为，山田本一只是侥幸获胜，并没有真正解释背后的奥秘。

几年后的一次国际马拉松比赛在另一个国家举行，山田本一再次夺得了冠军。记者们迫不及待地向他提问，想要了解他是如何取得胜利的。然而，山田本一仍然坚持回答："凭智慧取胜。"这回答并没有满足人们的好奇心。

直到若干年后，山田本一出版了一本自传，人们才真正了解到"凭智慧取胜"的含义。原来，每次参加马拉松比赛之前，山田本一都会进行精心的准备和观察。他会绕着赛道认真观察，并用纸笔记下特色标志物，将赛道划分为各个站点。例如，他把一座白色的大楼作为第一站，一棵百年老树作为第二站，一栋红房子作为第三站，以此类推。

在其他选手眼中漫长而枯燥的赛道，在山田本一眼中却成了一站又一站的挑战。当其他选手因为路途的遥远而感到疲惫时，山田本一却以一种独特的方式对待赛道。他会在每一站到达时快速冲刺，不仅不会感到疲惫，还能保持稳定的速度。

讨论

引导学生进行以下活动：

1. 思考并讨论：山田本一给你带来的最大的启示是什么？

2. 引导学生进行体验式活动："车、日、路"。

第一步：给每位同学下发一张"车、日、路"操作单（见图4.4.1）。这张操作单不仅仅是一张纸，它象征着我们每个人即将踏上的人生旅程。此刻，将自己想象成一辆即将启程的汽车，正驶向心中的目的地。然而，正如我们所知，高速公路网络四通八达，在路上会遇到无数的可能和机会。但在出发之前，我们必须要明确自己的方向，找到自己的"灯塔"——那个指引我们前进的目标。接下来，给大家几

图 4.4.1 "车、日、路"操作单

分钟的时间，请大家静下心来，思考并明确自己出发前的目标。这个目标可以是具体的，比如想要进入哪所高中，考取哪所大学，学习哪个专业，或者从事什么职业，等等。也可以是量化的，比如希望达到的分数，想要获得的奖项，或者计划参与的活动，等等。

第二步：给每一位同学下发一张"目标动力操作单"（见图 4.4.2）。一辆车需要动力才能启动，并持续前行，我们也需要足够的动力去达成我们的目标。请在这个九宫格里回答"我为什么要达成这个目标"。理由不能重复，且不能少于 8 个。

	我为什么要达成这个目标	

图 4.4.2 目标动力操作单

第三步：进行自我能力评估。在"车、日、路"操作单中车启动处的横线上，请大家对自己当下的能力水平进行一个客观、实事求是的描述，例如各科成绩、班级排名、优势学科、偏科问题等。只有对自己有清晰的认识，才能在接下来的时间里，不断升级自己的"车"，一步步朝着目标迈进。

第四步：结合现实的能力水平，借鉴山田本一的方法，将总目标进行细化，将细化后的小目标分别写在对应的时间节点旁边的横线上。

第五步：小组分享，班级展示。请同学将自己的"车、日、路"操作单在小组内进行分享。最后请每个小组的同学上来将自己的作品粘贴在墙上，让更多的同学为我们加油打气。

评析

星星之火，可以燎原。只有真正迈出通往梦想的第一步，并付诸行动，才能成为梦想的达人，最终到达人生的遥远目的地。通过本次互动交流活动，同学们认识到树立目标的重要性和必要性，同时也学会了细化目标的 SMART 原则和方法，更加坚定了信心。即使需要跋涉千山万水，也需要一步一个脚印才能完成整个旅程。心急是没有用的，唯有坚定地向前，永不放弃，才能以自己的脚步丈量人生，一步一步地实现伟大的人生目标。

扩 展 习 题

1. 一味追求目标而不讲究方法，可能会导致（　　）。（多项选择题）
　　A. 目标无法实现　　　　　　　　B. 方法不当，产生负面影响
　　C. 耗费过多时间和精力　　　　　D. 增加心理压力
2. 当面对遥远的目标时，如何做有助于实现目标？（　　）（多项选择题）
　　A. 将目标分解为可行的小步骤　　B. 培养良好的时间管理和自律习惯
　　C. 相信自己的能力和潜力　　　　D. 不做计划，顺其自然
　　答案：ABCD　ABC

互 动 交 流 ②　"不怕起步晚，千万不要懒"

　　在中华人民共和国成立之前，人们的精神生活非常贫乏。他们每天都忙于谋生，即使有空闲时间，也没有太多娱乐活动。对孩子们来说，他们唯一的乐趣就是和小伙伴们聚在一起讲故事。在那个时候，有一个小女孩名叫小梅，她最喜欢的事情就是和大家一起坐下来讲故事，每天都听得津津有味。她常常想，如果能够将这些故事记录下来，经常回味一定会很美好。当然，如果能够创作出属于自己的故事就更好了。可惜的是，她不识字，家里也没有钱供她上学。中华人民共和国成立后，人们迎来了新的生活。然而，小梅仍然没有时间去学习识字，也无法将属于她自己的故事记录下来。她早已婚育，忙于照顾家庭和工作，没有时间和精力去完成这个心愿。

　　在1996年，小梅的丈夫因一场车祸去世。此时，她已经是一个年近六旬的老人，失去了与之相依为命的伴侣，生活变得异常空虚。然而，在这个时候，她突然回想起年轻时的梦想。她曾经想要记录许多故事，写下自己的故事。现在她有了时间，可以开始实现了。下定决心的小梅开始学习认字和写字，她脚踏实地，一步步向前迈进。对一个已经年迈的白发苍苍的老人来说，这个过程是多么艰难。她今天学会的字，明天可能就会忘记。稍有懈怠，连续几天认识的字可能会被遗忘得更多。然而，小梅选择坚持下去，让自己认识的字越来越多，遗忘的字越来越少。当小梅终于能够正常阅读报刊和书籍时，第一阶段的任务才刚刚完成。她离写下属于自己的故事还有很长的路要走。小梅对自己说："不怕起步晚，千万不要懒。"她相信自己听过那么多的故事，将来写出来的作品一定不会逊色于他人。因此，她开始学习写作，积累知识，整理过去的故事和笔记。这些事情花费了她十几年的时间。

　　当小梅75岁时，她终于完成了自己的首部作品《乱时候，穷时候》，并成功出版。然而，这只是她厚积薄发的开始。接着，她连续出版了3本书，受到了广泛的好评。她从一个不识字的普通老人，一跃成为知名的女作家。这位小梅就是被人们称为"传奇奶奶"的姜淑梅。

讨 论

引导学生进行以下活动：

1. 思考并讨论：对于不识字的小梅，她的目标是怎样的？

2. 思考并讨论：为什么小梅不识字，最后却连续出版了3本书？

3. 引导学生进行体验式活动：写给梅奶奶的一封信。

（1）给每位学生发一张信纸。请学生结合梅奶奶的事迹，将自己的感受、想咨询的问题以及对梅奶奶的祝愿等内容写在信纸上，字数不限。

（2）请学生写上自己的班级和姓名，之后将信郑重地装入信封，放到一个做好的"信箱"内，先封存起来。

（3）班会的主持人随机抽取数封信件，将内容大声读出来。

（4）请同学们对信件的内容和质量进行评价，选出有代表性的信件给予一定的奖励。

评 析

追求理想是一项艰难的任务，特别是在人生的早期阶段。对缺乏基础的人来说，需要准备好行走的装备，储备所需的知识。我们准备得越多、越完善，离理想也就越近。设定了目标后，起步晚一点儿也没关系，只要能够踏实地向前迈进，不断缩短与理想之间的距离，最终我们就能取得成功。通过了解梅奶奶的事迹，同学们认识到从来没有一蹴而就的事情。只有持久地、按部就班地努力，才能厚积薄发，实现自己的理想，从而达成人生规划的目标。

扩 展 习 题

1. 小刚为了在考试中取得好成绩，每天都刷习题，但从不理解其中的原理。以下哪个说法最符合小刚的学习方式？（　　　）

　　A. 小刚注重实际操作，能够迅速解决各类习题

　　B. 小刚忽视了知识的深入理解和应用，只关注了结果

　　C. 小刚根据解题技巧有选择地做题，提高了解题效率

　　D. 以上都不是

2. 小美想成为钢琴家，但是她从来没学过钢琴，小美应该怎么做？（　　　）（多项选择题）

　　A. 从基础开始学　　　　　　　　B. 练习各种名曲

　　C. 无聊的时候再练　　　　　　　D. 一有时间就练习

答案：B　AD

4.5 与过去的历史相比，我更喜欢未来的梦想（适合初中生）

每个人都有过各种各样的经历，无论是成功还是失败。而对于这些经历，我们需要学会放下，不因过去而留恋，反而应该着眼于未来。回顾过去的成功，可以让我们看到自己的努力和奋斗带来的成果，鼓舞我们再接再厉。然而，我们也要认识到在追寻梦想的道路上，失败是难免的。但我们不能被失败所打倒，要知道每一次失败都是成功的一个垫脚石。通过失败的经历我们可以学到宝贵的经验和吸取教训，更好地面对未来的挑战。

请大家思考一下这些名人名言的意义，分享一下自己的感受。

（1）"一个人越是有许多事情能够放得下，他就越是富有。"——亨利·戴维·梭罗

（2）"一个朝着自己目标努力的人，整个世界都会为之让路。"——爱默生

（3）"谁在夺取了胜利之后又征服自己，谁就赢得了两次征战。"——培根

（4）"不要沉溺于现在的各种琐事中，……在自己心里培养对未来的理想吧。"——谢德林

（5）"不要依恋过去，也不要空想将来，只能抓住现在用力干着。"——茅盾

互动交流 1 放下过去，放过自己

史铁生曾是一个沉浸在过去阴影中无法自拔的人。当他双腿瘫痪后，他认为自己的人生已经结束了，他把自己封闭在一个悲惨的世界里，觉得自己是最不幸的人。这段时间里，他对任何和"走""跑"有关的字眼都异常敏感，甚至会无缘无故地发脾气。

有一次，母亲带着他去地坛散步，为了逗他开心，母亲尽量避免说与运动相关的字眼。但她不小心说了一个"跑"字后，史铁生气愤地捶打自己的双腿。这一幕让母亲感到心痛。

后来，史铁生的母亲去世了，她唯一放不下的就是这个残疾的儿子。然而，母亲的离世成为史铁生的人生转折点。他意识到，如果不改变自己，他将注定一直生活在过去的阴影中。幸运的是，他决定做出改变。他开始放下过去的痛苦，积极面对未来。这种改变使得他写下了后来那部经典的散文作品《我与地坛》。

讨论

引导学生进行以下讨论：

1. 思考并讨论：史铁生的故事给我们什么启示？

2. 思考并讨论：在你看来，实现未来的梦想需要哪些努力和准备？

3. 引导学生进行体验式活动：时间胶囊。

（1）活动准备

① 准备两个可以密封的盒子，分别贴上标签，一个标注为"过去的时间胶囊"，另一个标注为"未来的时间胶囊"。这两个盒子将用于存放学生们过去一年的感受和未来的期望。

② 为每位学生准备彩笔、贴纸等创作用品，这将帮助他们更好地表达自己的情感和构思对未来的期望。

（2）活动过程

① 请学生们静下心来，回顾过去的一年，思考：有哪些经历让你感到沉重或遗憾？哪些是你想要放下或改变的？请学生们用手里的笔将这些感受或事件记录在纸上，并使用贴纸和彩笔进行装饰，然后将纸折叠起来，投入"过去的时间胶囊"中。

② 请学生们思考一下：如果放下这些过去的负担，你希望自己在未来一年中实现哪些改变或达成哪些目标？学生们可以在另一张纸上写下自己的目标、愿望或想要培养的新习惯，并用贴纸和彩笔进行个性化装饰。完成后，将纸折叠起来，投入"未来的时间胶囊"中。

③ 举行一个象征性的仪式，将"过去的时间胶囊"封存起来。这个仪式象征着学生们抛掉过去失败的经历或体验，以更轻松的心态面对未来。

④ 从"未来的时间胶囊"中随机抽取几个，经过学生同意后，大声读出其中的内容。这不仅能为其他学生提供启发和建议，还能加深他们对自己目标的认知和期待。

（3）活动结束

鼓励学生用色彩和图画装饰"未来的时间胶囊"，使其成为一件独特的艺术品。等到一年后再开启"未来的时间胶囊"，让学生们共同回顾自己在这一年中的成长和进步。

评析

无论过去发生了什么，我们都能够选择改变自己的态度和行为。面对困难和挑战时，放下过去的包袱，积极寻找新的方向和机会。通过本次互动交流活动，同学们能够认识到阻碍自己成长的只有自己的"心魔"。过去经历的痛苦回忆可能会让人停止前进的脚步。只有将这个不好的体验表达出来，封存起来抛弃掉，才能做到轻装前进。只有积极面对未来，我们才能实现自己的梦想并拥有更好的人生。

互动交流 2　放下过去的成功

居里夫人是一位伟大的科学家，她以无比的毅力不懈努力，为人类的科学进步作出了巨大贡献。

居里夫人经历了许多常人难以想象的挑战和困境。在她的实验过程中，不仅要面对极其艰巨的科学难题，还要忍受辐射的危险以及这种危险对身体健康的威胁。然而，她并没有被困难击倒，而是以坚定的信念和决心继续前行。

提炼镭的过程非常复杂和耗时，需要大量的努力和精确的技术。居里夫妇在实验室里进行了无数次的实验和研究，最终才成功地从 10 吨的废渣中提取出 1 克镭。这项成就不仅使他们获得了诺贝尔奖，还带来了许多其他的荣誉和奖项。

然而，居里夫人并没有因此而沾沾自喜或长时间陶醉于荣誉之中。她没有将奖杯和奖牌展示在最显眼的地方用以炫耀自己的成就，而是将它们放在一边，甚至作为玩具送给孩子。

居里夫人始终保持谦虚和低调的品质，她更加关注的是科学的发展和对人类的贡献。她没有满足于已经取得的成就，而是继续不断地探索和创新。她继续深入研究放射性物质，并在这一领域作出了众多开创性的贡献，为人类的科学知识和技术进步作出了重要贡献。

讨论

引导学生进行以下活动：

1. 思考并讨论：居里夫人没有将奖杯、奖牌展示在最显眼的地方，而是作为玩具送给孩子，这展示了居里夫人怎样的精神？

2. 引导学生进行体验式活动：时空穿梭机。

（1）活动准备：将学生 4~6 人分成一个小组。给每位同学发一张 A4 白纸，请同学们在白纸的右上角写下自己的名字。

（2）活动过程：

① 绘制场景。指导语："亲爱的同学们，今天是 202× 年 ×× 月 ×× 日 ×× 时（真实的日期），如果此时此刻，我们有一个哆啦 A 梦的时空穿梭机，送你去 10 年后的今天，也就是 203× 年 ×× 月 ×× 日 ×× 时，透过那样的一个小小的窗口，你看到了什么？那天天气怎么样？那个时候你多大了？你在哪里？做着什么事？你的心情怎么样？你的工作如何？你的生活如何？……请你用一支彩笔在白纸上画出你刚才'看到'的场景，也就是你 10 年后的样子。"

② 轮流绘制。指导语："时间到，所有同学全部停笔；接下来请将面前的这张画作，传给你右手边的那位同学。接下来请各位同学在面前的这张纸上继续作画。"接下来每

15~30 秒向右传递 1 次，一共传递 4~5 次。完成后请学生将画作还给首位绘制的学生。

③ 小组讨论。请在小组内讨论：你的这幅画上面有哪些是同组的伙伴添加的？有什么寓意？为什么添加？你满意吗？

④ 交流分享。请每组推荐一个代表，分享一下自己的画作和感受。

评 析

要放下过去的成功，相信自己。我们曾经成功过，所以我们可以在未来取得新的成功。不要怕面对改变，不要计较眼前的得失，而要努力改变自己的心态和情绪。通过参加本次互动交流活动，同学们认识到人生有无限的可能，要学会平静地接受现实，勇敢面对逆境，积极看待人生，总是往好的方向去想。"风物长宜放眼量"。放下过去的成功，不管它有多么宝贵，只有放下它，我们才能有所突破，才能在现有成功的基础上不断成长和进步。

扩 展 习 题

1. 当你取得了一项重要的成就时，你会如何处理？（　　）

A. 沉溺在过去的荣耀中，不停自夸

B. 保持谦逊，但一直沉浸在过去的成就里

C. 庆祝一番后，及时转移注意力，寻找更多的挑战

D. 因为取得的成就而陶醉，忽视前进的机遇

2. 以下哪种态度能帮助你实现未来的梦想？（　　）

A. 总是执着于过去的错误和失败

B. 只专注于眼前的困境

C. 持续学习和发展自己的知识和技能

D. 不断地与他人比较

3. 对于追求未来梦想而言，以下哪种行为是最具建设性的？（　　）

A. 自我怀疑和放弃　　　　　　　B. 寄希望于别人的帮助和指导

C. 接受挑战，积极尝试和努力　　D. 过分关注他人的看法和评价

答案：C　C　C

4.6　挫折是一种"兴奋剂"，它可以激发人的进取心（适合高中生）

挫折是一种"兴奋剂"，它可以激发人的进取心，促使我们为改变境遇而奋斗。挫折能够锤炼人的性格和意志，增强我们的创造能力和智慧。同时，挫折也是一种"镇

静剂"，它可以使头脑发热的人冷静下来，这对青少年来说尤为重要。在这个世界上，没有人能够一帆风顺地度过一生，每个人都会面临挫折和失败。当我们遭遇挫折时，采取逃避的方式是没有意义的。相反，挫折有时候能够帮助我们认识到问题的所在，并及时解决潜在的问题。

1. 名人名言

在我们探索挫折这个主题的同时，我想与大家分享一些名人名言，这些名言可以给我们启发和思考。我想邀请大家思考一下这些名人名言的意义，你们对这些名言有什么理解？我们可以一起分享一下。

（1）"古之立大事者，不惟有超世之才，亦必有坚忍不拔之志。"——苏东坡

（2）"在成功面前，首先应该想到的是获得成功之前的挫折和教训，而不是成功的赞扬和荣誉。"——巴甫洛夫

（3）"每一种挫折或不利的突变，是带着同样或较大的有利的种子。"——爱默生

（4）"磨难，对于弱者是走向死亡的坟墓，而对于强者则是生发壮志的泥土。"——卢梭

（5）"不会从失败中找寻教训的人，他们距离成功之路是遥远的。"——拿破仑

（6）"短时期的挫折比短时间的成功好。"——毕达哥拉斯

2. 积极心理学

"哈佛大学公开课：幸福课"，即积极心理学，自2002年起由著名学者泰勒·本-沙哈尔在哈佛大学开设，并迅速成为当时该校选课人数最多的课程。沙哈尔教授在介绍这门课程时强调，它不仅仅是一个传递知识的平台，更是一个促进个人转变的契机。他提到，我们以往的教育模式大多侧重于信息的灌输，就像不断向一个容器里填充数据和知识。然而，仅有这些信息是远远不够的，我们还需要经历一个更为重要的过程——那就是改变，改变我们内心世界的构造，或者说是"改变自己容器的形状"。

面对同样的信息，不同的人会有截然不同的反应。有的人会像石头一样，对信息产生消极的抵触情绪，而有的人则像海绵一样，将信息积极吸收并融入自己的知识体系。显然，如果我们选择成为一块石头，那么我们就会错过很多成长和进步的机会；而如果我们选择成为一块海绵，那么我们就能不断积累知识，增加自身的力量。

沙哈尔教授以菲尔·强森为例，说明当一个人找到了自己真正热爱的领域时，他就会像海绵一样，疯狂地吸收相关的知识和信息，实现自身的巨大转变。这正是积极心理学所强调的"改变自己容器的形状"所带来的积极影响。通过学习积极心理学，我们不仅可以实现个人的自我提升，还能够将这种正能量传递给周围的人，让更多的人受益。

互动交流 1　　战胜挫折

　　曾经在台湾省知名学校中脱颖而出的丁肇中，是一位备受瞩目的优等生。他的成绩优异，表现出色，所以学校决定保送他入读台湾省的成功大学。然而，丁肇中并不满足于此。怀揣着对梦想的执着追求，丁肇中做出了一个勇敢的决定：放弃保送机会，参加大学统考。他相信自己的实力，坚信自己能够通过考试进入他理想的一流大学。然而，命运往往不按照人们的期望发展。统考结果出来后，丁肇中得知台湾大学没有录取他。这个结果对他来说是个沉重的打击，他没有如愿以偿地进入理想的一流大学。但他仍然被原本保送的成功大学的机械工程系录取。

　　他心中的梦想仿佛破灭了一般，他感到十分难过。他陷入了沉默和忧郁中，第一次尝到了失败的滋味。几天的时间里，丁肇中经历了激烈的思想斗争。他反思自己的选择和决定，思考未来的道路。然而，他最终决定将情绪调整过来，将失败当作宝贵的经验和教训。他明白，在哪个学校读书并不是最重要的，关键在于自己如何努力学习和成长。于是，丁肇中做出了一个新的决定，他决定去成功大学的机械工程系就读。

　　丁肇中在战胜挫折后变得更加清醒和明智。进入大学后，他养成了许多良好的学习习惯。读书时，他的精力格外集中，外界的干扰对他毫无作用。即使屋外大雨倾盆，雷声隆隆，他也充耳不闻、视而不见，仿佛有着"两耳不闻窗外事，一心只读圣贤书"的境界。无论是在课堂上学习还是课后复习，丁肇中总是先思考后行动。当老师在课堂上提出问题时，他总是第一个举手回答，回答得全面又有条理。晚上，丁肇中常常和几个学习优秀的同学一起去图书馆看书，直到图书馆关门才回家。回到家后，他仍然埋头于灯下，每晚总要父母再三催促才肯上床休息。丁肇中总是把每一天都安排得有条不紊，他常常说："最浪费不起的是时间。"

　　丁肇中在上大学后，对中学时代的学习经验进行了认真总结，并将这种勤奋而灵活的学习方法继续发扬光大，不断探索出更为优秀的学习方法，因此他的成绩也逐渐提高。后来，丁肇中改选了物理专业，这一直是他热爱的领域。他对各种物理现象充满浓厚的兴趣，并在这一领域取得了杰出的成就。最终，他在 1976 年与伯顿·里克特一起因为发现了重要的 J 粒子而被授予诺贝尔物理学奖。

讨论

　　引导学生进行以下活动：

　　1. 思考并讨论：丁肇中在面对失败时，经历了怎样的思想斗争和心理变化？

　　2. 思考并讨论：你曾经经历过什么样的挫折？可以分享一下这个经历吗？你是如何应对的？

3. 引导学生进行体验式活动：希望之光。

（1）将学生 4~6 人分成一个小组。每组发放 1 张大白纸、若干彩色贴纸和彩笔。

（2）发给每位同学 3 张彩色贴纸。请学生在每张贴纸上写 1 个经历过的挫折。

（3）将小组每个人写的彩色贴纸收集起来，贴在大白纸上，形成本小组的"挫折展示板"。

（4）将"挫折展示板"在小组间进行轮换。请学生在拿到其他小组的"挫折展示板"之后，认真分析一下上面的挫折事件，之后选择本小组成员感兴趣的一个或一类问题，进行头脑风暴，将想到的解决方案写在大白纸上，并且在大白纸上书写主题——希望之光。

（5）请小组选派代表在班级同学中进行分享，表现优秀的小组给予一定的奖励。

评析

挫折是我们成长过程中的朋友，尽管它给我们带来了不愉快的回忆，但却具有无穷的价值，因为它促使我们进行思考和反省。充满信心的人并不害怕失败，而是懂得从失败中获取经验教训，探索通往成功的新途径。通过本次互动交流活动，同学们深刻认识到，所有的挫折和困难都会有解决的方案，重要的是在面对挫折时，应该将精力转移到有益的活动上，以此将消极情绪转化为崇高的方向，使其得到升华。这是最积极的应对方式。善于采取这种积极的升华方式，就能像德国音乐家贝多芬所说："通过苦难，走向欢乐。"

扩展习题

1. 某同学参加了一次比赛，但没有获奖。他感到非常沮丧和挫败。以下哪个选项是最适合他的做法？（　　　）

　　A. 责怪其他参赛者

　　B. 放弃比赛，并认为自己不够优秀

　　C. 分析自己的不足，并努力提高

　　D. 对自己失去信心，并放弃追求其他的兴趣爱好

2. 小宇计划参加一个兴趣班，并竞争入选的资格，但遗憾的是没能通过面试。他感到非常灰心和挫败。以下哪个选项是最合适的建议？（　　　）

　　A. 相信自己没有能力进入该兴趣班

　　B. 抱怨面试官的偏见

　　C. 接受失败，寻找其他兴趣爱好

　　D. 继续努力，提升自己的表现

3. 小玲在考试中取得了很差的成绩，她觉得自己很失败。以下哪个行为是最不明

智的？（　　）

  A.反思错题，查找自己的不足 B.向其他同学请教学习方法

  C.告诉自己再也无法提高了 D.寻求老师或家长的帮助

答案：C　D　C

互动交流 2 积极应对挫折

  在一个科技日新月异的时代，李翔是一位满怀激情与梦想的年轻软件工程师，怀揣着一个伟大的梦想——开发一款能够撼动世界的 App。然而，创业的道路并非一帆风顺，李翔和他的初创团队在前进的道路上遭遇了重重困难。他们因为资金短缺而被迫放弃第一个项目。紧接着，第二个项目又因为对市场脉搏把握不准，如同迷失在茫茫大海中的船只，找不到正确的方向。

  然而，李翔并非孤军奋战。他的好友兼创业伙伴张华，一个对市场有着敏锐洞察力的分析师，始终与他并肩作战。李翔面对困境，心灰意冷地表示："我觉得我们似乎一直在原地踏步，每一次尝试都像是撞上了坚不可摧的南墙。"张华却总是能给予他坚定的鼓励："别忘了林教授的教导，失败并不是终点，而是通往成功的新起点。让我们再试一次，这次我们换个思路。"在张华的坚持和林教授的悉心指导下，李翔开始重新审视市场，寻找新的突破口。他们注意到，随着科技的飞速发展，许多老年人面临着数字鸿沟的问题，无法充分享受现代科技带来的便利。于是，他们决定利用人工智能技术，开发一款 App，帮助老年人跨越这道鸿沟。终于，这款 App 问世了，它以简洁易懂的操作界面和贴心的功能设计，赢得了老年用户的喜爱。然而，初期推广并不顺利，许多投资人对这个看似小众的市场持怀疑态度。

  就在团队几乎要放弃的时候，一次偶然的机会，这款 App 被一位知名博主发现并在社交媒体上分享。这一分享如同燎原之火，迅速点燃了公众的热情。大量用户被吸引过来，体验这款神奇的 App。经过市场的检验，该 App 不仅获得了用户的广泛好评，还成功吸引了一笔重要的投资。有了这笔资金的支持，李翔和他的团队得以扩大规模，持续优化产品。他们不断地推出新功能，以满足老年用户的多样化需求。同时，他们还积极开展公益活动，向更多老年人普及数字知识，帮助他们更好地融入现代社会。最终，李翔和他的团队用实际行动证明了自己的价值。他们的这款 App 不仅解决了社会问题，还实现了商业上的巨大成功。

讨论

引导学生进行以下活动：

1. 思考并讨论：你认为挫折与成功之间有着怎样的关系？李翔的成功对你有什么启发和意义？

2. 引导学生进行体验式活动：盲行。

（1）选择一个安全的、相对封闭的场所，确定"起点"和"终点"，并且在路线上设置一些障碍物（如椅子、绳索等）增加难度。

（2）将学生两两分成一组。一人扮演"盲人"，另一人扮演"向导"。"盲人"戴上眼罩或闭眼，确保完全看不见周围环境，但是可以讲话、提问等。"向导"是明眼人，能够看到周围环境，可以说话但是不能与"盲人"有任何肢体接触。

（3）"向导"通过语言指导"盲人"行走，避开障碍物，用最短的时间安全抵达终点。

（4）完成第一轮后，两个人互换角色，重复游戏。

（5）游戏结束后，组织所有参与者分享体验感受。

评析

挫折是人的一生中不可避免的，是人生中的"试金石"。没有自信的人会在挫折面前败下阵来，但是自信的人却可以将挫折变成成功的基石，一步一步地克服困难，攀登人生的顶峰。通过本次互动交流活动，同学们增强了克服挫折和困难的信心。这次活动激发了学生在不确定环境中的适应能力，并促使学生采取了创造性解决问题的策略。特别是在相互协助完成挑战之后，同学们加深了对彼此的信任，感受到信任是克服挫折的必要条件，对于团队合作至关重要。

扩展习题

1. 挫折对个人成长的影响主要体现在（　　　　）。

    A. 增加自信心和坚韧性　　　　　　B. 导致情绪低落和自卑感

    C. 限制发展潜力和能力　　　　　　D. 削弱社交能力和人际关系

2. 面对挫折时，以下哪种思维方式更有益于解决问题？（　　　　）

    A. 消极思维，认为问题无法解决

    B. 乐观思维，相信问题可以解决

    C. 慌张思维，随意行动以逃避问题

    D. 没有担忧的思维，忽视问题的存在

3. 以下哪种行为不利于积极应对挫折？（　　　　）

    A. 反思失败原因并寻求改进

    B. 接受失败并从中吸取教训

    C. 责怪他人或外部环境

    D. 继续努力并保持毅力

答案：A　B　C

4.7 挡住我们前进的，恰恰是我们自己（适合高中生）

生活中，我们时常会遇到各种困难和挑战，但是我们是否曾想过，其中有多少是我们自己制造出来的呢？

很多时候，我们会抱怨外界的阻碍和限制，却很少反思自己的行为和态度对前进的影响。事实上，在我们前进的道路上，最大的障碍往往并非来自外部环境，而是来自我们内心的犹豫、怀疑和恐惧。我们可能会因为担心失败而不敢尝试新的事物，害怕承担责任而逃避挑战，或是因为缺乏自信而放弃追求自己的梦想。这些内在的因素，正是我们自己设置给自己的障碍。然而，如果我们能够真正认识到这些问题，并积极面对它们，我们就能够打破这些自我限制，找到前进的动力和方向。

1. 名人名言

请大家思考一下这些名人名言的意义，分享一下自己的感受。

（1）"学习的敌人是自己的满足，要认真学习一点东西，必须从不自满开始。"——毛泽东

（2）"是使自己的人格伟大还是渺小呢？这完全仰仗个人自己的意志。"——席勒

（3）"灰心生失望，失望生动摇，动摇生失败。"——培根

（4）"千万人的失败，都是失败在做事不彻底，往往做到离成功尚差一步，就终止不做了。"——莎士比亚

2. 自我效能感

自我效能感是由美国心理学家阿尔伯特·班杜拉提出的概念，它是个人对自己是否有能力成功执行某一特定行为或达成目标的信念。自我效能感不仅关乎个人的能力评估，更重要的是，它关乎个体在面对挑战时的自信程度，以及在遇到困难时能否坚持并有效应对。自我效能感强调的是一种心理状态，它影响着人们选择什么样的目标、付出多大的努力、在遇到困难时如何坚持以及如何面对压力和挑战。班杜拉指出，自我效能感有4个主要来源：

（1）个人以往的成功经验：成功完成类似任务的经验会增强自我效能感。

（2）替代经验：观察他人成功完成某项任务，尤其是当这个"他人"与观察者有相似之处时，也能提升自我效能感。

（3）言语说服：来自他人的鼓励、积极反馈和说服也能增强个体对自己能力的信心。

（4）身心状态：个人的身体感觉和情绪状态也会影响自我效能感，例如，紧张或焦虑可能会降低自我效能感，而良好的身心状态则可能提升自我效能感。

互动交流 1 价值的实现

　　耶尔加瓦监狱，作为拉脱维亚规模最大的监狱，一直以来都饱受暴力事件和自杀案件的困扰，使它不幸成为欧洲最糟糕的监狱，也被形容为人间地狱般的存在。在这个被囚禁的世界里，犯人们整日无所事事，除了互相打架斗殴，几乎找不到任何其他的消遣方式。面对这样的局面，监狱管理者不断尝试各种方法来解决问题。然而，这些努力却始终收效甚微，似乎无法改变监狱的黑暗氛围。

　　一天，监狱长正在休假，却因为女儿去酒吧打工的事情与她发生了激烈的争吵。女儿愤怒地说："暑假这么漫长，如果我一直无所事事，那和坐牢又有什么区别呢！"这句话犹如一道闪电划过监狱长的脑海，顿时让他想到了一个重要的点子。他意识到，也许给犯人们找点儿事情做，让他们投入劳动中，能够改变监狱的现状。监狱长立即进行了详细的计划，并迅速向上级部门报请批准。在得到批准后，他毫不犹豫地开始了监狱的改革。从此以后，监狱不再是白吃饭的地方，每个犯人都需要通过劳动来挣钱养活自己。

　　监狱长规定，犯人们将参与各种各样的劳动项目，包括农田耕作、工厂生产等。他们可以学习新的技能，从事有意义的工作，同时也能赚取一些报酬。这样一来，犯人们不再无所事事，他们投入到劳动中，感受到了自己的价值，获得了成就感。同时，监狱长还规定，犯人的家属不得再往监狱里寄钱。在监狱长批准的情况下，那些有意做生意、需要投资的犯人可以向家人索要一些本钱，或者通过向监狱申请贷款来实现他们的商业梦想。这一改变让犯人们的生活变得更加充实，同时也改善了他们的精神状态。

　　为了维持监狱内的经济社会运转，监狱长派出狱警进行巡逻，并制定了一系列措施来防止狱警的贪污和受贿行为。这样一来，监狱内的经济环境变得更加公平和透明，为犯人们提供了公平竞争的机会。

　　经过半年的努力，监狱内的暴力事件发生概率大大降低。犯人们因为能够实现自身的价值，变得更加积极乐观地面对生活。

讨论

引导学生进行以下活动：

1. 思考并讨论：这个故事告诉我们什么道理？
2. 思考并讨论：为什么我们经常会给自己设限或阻止自己前进？
3. 体验式活动一：掌声响起来。
指导语："同学们，我们来做一个'掌声响起来'的游戏，一共进行3轮。规则很简单，我说'开始'请鼓掌，我说'停'就停下来。"

第一轮：学生鼓掌

第二轮：告诉学生鼓掌30秒

第三轮：告诉学生30秒内要鼓掌超过90下

结束后提问：在这3轮活动中，哪一轮你最努力？是什么原因？请学生代表进行分享。

体验式活动二：女皇圈。

（1）将学生20~25人分成一组。首先，让小组成员手拉手，以增进彼此间的连接感。之后全体成员向右转，将手搭在前面同学的肩上，并且缩短彼此的距离。

指导语："请大家紧密地站成一个圆圈，面向彼此，深呼吸，感受对方的气息与心跳，我们即将共同参与一个古老而充满意义的挑战。"

（2）在老师的统一指挥下，所有人开始微微前倾身体，然后缓缓坐下，确保每个人的臀部都稳妥地坐在后面同学的大腿上，这样就形成了坚实的"人肉座椅"。这一步需要确保每个人都能舒适地支撑起前面人的重量，形成一个稳固的整体。

指导语："现在，我们不再是彼此独立的个体，而是一个紧密相连的整体。当你坐在同学腿上的那一刻，请记住，你并不孤单，我们共同分担，共同支撑。"

（3）在确保安全的前提下，老师可尝试让整个圆圈缓慢而平稳地转动。这一步骤不仅考验着每个人的平衡能力，更要求整个团队高度协作与默契配合，以进一步提升团队之间的和谐与协调性。

指导语："接下来，请大家试着让这个圆圈缓慢而稳定地转动起来，就像历史的车轮，用我们的团结与信任推动它不断前行。请记住，每一个细微的动作都会影响到整个团队，让我们共同感受这种相互依赖与联动。"

（4）经过数分钟的坚持后，任务结束。大家依次站起身，回到各自的座位。

（5）邀请同学们分享自己的感受。

评 析

人生总是充满了奇迹，我们要对自己充满信心，并全力以赴地去实现自己的理想。在这个世界上，很多人会面临各种困境，甚至被这些困境所困住而难以自拔。然而，正是在这些艰难的时刻，我们更需要坚定和从容，以便挖掘自己内在的力量并激发潜能，帮助我们快速迈向梦寐以求的目标。通过"掌声响起来"的活动，同学们认识到只有目标明确，才能激发出动力，用力鼓掌之后也能感受到成功的喜悦和自豪。通过"女皇圈"的活动，同学们感受到集体的强大支持力量，体会到了只有在彼此协同的情况下，才能完成"貌似不可能"的任务。鼓励学生在今后的学习和生活中通过强化训练提高自我效能感，迎接更加艰巨的任务挑战。

互动交流 2 目标的分解

在某个充满阳光的日子里，一位富有洞察力的心理学家做了这样一个实验：他精心挑选了 3 组人，并引导他们各自朝着 10 公里外的 3 个不同村庄出发。

第一组的人踏上旅程时，他们既不知道村庄的名字，也不知道路途有多远，他们仅仅被告知要跟着向导前进。然而，旅程刚开始不久，仅仅走了两三公里，就已经有人开始抱怨路途的艰辛。到了中途，他们的不满和疲惫更是达到了顶点，甚至有人选择坐在路边，不再愿意前行。随着距离的增加，他们的情绪也越发低落。

第二组的人知道村庄的名字，也知道大致的行程距离。然而，由于路边没有明确的里程碑，他们只能依靠自己的经验来估算行程的进度。走到一半时，大家开始好奇已经走了多远。当听到有经验的人说大概走了一半的路程时，他们重新燃起了希望，继续前行。然而，当行程接近四分之三时，疲惫感再次袭来，但每当有人说快到终点了，他们便再次鼓起勇气，加快了步伐。

第三组是最为幸运的一组。他们不仅知道村子的名字、路程，而且沿途每公里都有一个清晰的里程碑。人们边走边看里程碑，每当看到里程碑上的数字减少 1 公里时，他们都会感到一阵欣喜。在这段旅程中，他们用歌声和笑声来驱散疲劳，情绪始终保持高涨。因此，他们很快就到达了目的地。

讨论

引导学生进行以下活动：

1. 思考并讨论：这个故事告诉了我们什么道理？

2. 引导学生进行体验式活动：搭建"通天塔"。

（1）将学生 4~6 人分成一个小组。每个小组发 30 根吸管、1 卷胶带、1 把剪刀。

（2）指导语："我们要完成一项挑战，用现有的材料搭建一个'通天塔'。要求塔高至少 50 厘米，外形美观、结构合理、富有创意、平衡稳定。"

（3）请每个小组的同学集思广益，在规定时间内（建议 20~25 分钟）完成任务。

（4）每个小组派代表展示自己的作品，并且分享在建塔过程中的心得体会。

（5）由同学们投票选出"最有创意奖""最快速度奖""最佳造型奖"等获奖小组，并给予一定的奖励。

评析

伟大的目标看起来都是那么遥远，但是如果将大目标分解成很多小目标，完成小目标就会轻松很多、简单很多。人不可以一步登天，却可以一步一步地登天。通过本次互动交流活动，同学们认识到在追逐梦想的过程中，往往会遇到各种困难和挑战；然而，这些困难并不是我们前进的障碍，而是考验并塑造我们思维方式和态度的契机。如果我们能够坚定信念，保持积极的心态，并且勇敢面对困难，那么我们就有可能战胜困境，实现自己的梦想。

扩展习题

1. 以下哪种态度容易让我们错失学习和成长的机会？（　　　）
   A. 好奇心和求知欲　　　　　　　B. 自满和骄傲
   C. 勇于尝试和面对失败　　　　　D. 不断反思和改进
2. 为什么我们总是离成功只差一步距离？（　　　）（多项选择题）
   A. 缺乏坚持和毅力　　　　　　　B. 缺乏清晰的目标和计划
   C. 缺乏适应能力和灵活性　　　　D. 未能识别和解决问题
   答案：**B　ABCD**

互动交流 3　一步步地迈向成功

曾经有两个盲人，一个胖胖的，一个瘦瘦的，他们以在街头拉二胡卖艺为生。他们每天辛勤地拉二胡，为了继续演奏，他们不得不定期购买新的二胡。然而，随着时间推移，二胡音膜的材料价格逐年上涨，这让他们开始思考是否可以用其他材料替代传统的蟒蛇皮。胖盲人觉得这个想法太困难，没有付诸行动。而瘦盲人则不同，他坚信"想到就能做到"的信念，开始寻找替代材料，并进行了无数次的试验。经过不懈努力，他终于找到了一种潜在的替代品——装饮料的塑料瓶。然而，这并不是简单的事情，他需要对塑料瓶进行软化、添加等复杂的工艺处理后才能使用。

经过长达 3 年的研制，这位盲人终于成功地制作出了一种"环保型"的二胡。盲人面临的困难是常人难以想象的，因为他们无法通过眼睛看到世界。在试验过程中，瘦盲人不断被烫伤双手，这是常人难以理解的。然而，令人欣喜的是，他发现经过特殊处理的塑料音膜的音色与蟒蛇皮音膜相比并不逊色，反而使制作二胡的成本降低了一半。乐器制造商发现了这项技术后，纷纷出重金购买。瘦盲人凭借他独特的技术成为重要的股东之一，彻底告别了卖艺的生涯，生活水平大幅提高。而与他当年一起的胖盲人如今仍在街头辛苦地拉着二胡，拉坏了就再买新的，日复一日。

讨论

引导学生进行以下活动：
1. 思考并讨论：在这个故事中，胖盲人和瘦盲人面临相同的困境，为什么他们的结果却截然不同？

2. 思考并讨论：你认为瘦盲人成功的关键是什么？他是如何克服自己的困难和挑战的？

3. 引导学生进行体验式活动：高空飞蛋。

（1）将学生4~6人分成一个小组。每个小组发1个鸡蛋、1个气球、1个塑料袋、1卷宽胶带、10根吸管、10条橡皮筋。

（2）请每个小组的学生们集思广益，在规定的时间内（建议20~25分钟），将鸡蛋妥善地包装起来。

（3）每组派一位代表登上3楼，从窗口将包装好的鸡蛋向无人的地方扔下来。其他同学在楼下空地上观察鸡蛋落地的情况，并检查鸡蛋是否完好。

（4）对鸡蛋完好的小组进行奖励，并给予一些小奖品。

（5）请每个小组派代表分享心得体会。

评 析

有一些人一旦遇到困难，就认为自己做不到，只有在100%有把握的情况下才会采取行动。然而，这种思维方式不仅无法实现目标，还会使人永远陷入等待的困境中。通过本次互动交流活动，同学们认识到世界上没有做不到的事情，只有想不到的方法。只有将想法转化为实际行动，才有可能实现愿望，否则想法将永远只是想法而已。每个人都有成功的梦想，但成功的人却很少。为什么会这样呢？因为当他们遇到困难时，他们放弃了梦想，原本美好的构想也逐渐褪色。所以，你不可能等到所有条件都完善后才采取行动。如果你这样做，你将错过最佳的时机，也将失去机会。本次活动鼓励同学们勇于面对挑战，开动脑筋想办法，汲取团队的力量集思广益，经过反复实验就能迎来成功的曙光。

扩 展 习 题

1. 在追逐梦想的过程中，最大的困难是什么？（　　　　）
   A. 外界环境
   B. 梦想本身太过艰巨
   C. 自身的思维方式和态度
   D. 缺乏机会和资源

2. 有想法但不采取实际行动的结果是（　　　　）。（多项选择题）
   A. 没有任何变化或进展　　　　　　B. 错失机会
   C. 梦想无法实现　　　　　　　　　D. 遗憾
   答案：C　ABCD

4.8 成功＝艰苦的劳动＋正确的方法＋少谈空话（适合高中生）

无论是在学习、事业还是人生的各个方面，我们都渴望取得成功，但实现成功并非易事。成功需要付出艰苦的努力，掌握正确的方法，并建立起实践胜过空谈的价值观。在接下来的班会中，让我们一起深入探讨这个主题，探寻成功之路的秘密。相信通过共同的学习和分享，我们可以提高自己的领悟能力，为未来的奋斗之路打下坚实的基础。

1. 名人名言

在我们探索成功这个主题的同时，我想与大家分享一些名人名言，这些名言可以给我们启发和思考。我想邀请大家思考一下这些名人名言的意义，你们对这些名言有什么理解？我们可以一起分享一下。

（1）"如果在自己非常想要做的事情上未能成功，不要立刻放弃并接受失败，试试别的方法。"——戴尔·卡耐基

（2）"人的行动比语言文字更能表现自己。"——安德烈·纪德

（3）"学习并不等于就是模仿某种东西，而是掌握技巧的方法。"——高尔基

（4）"人生的意志和劳动将创造奇迹般的奇迹。"——涅克拉索夫

2. 期望理论

期望理论是一种关于动机的理论，由北美心理学家和行为科学家维克托·弗鲁姆于1964年在其著作《工作与激励》中提出。该理论主要探讨个体为何选择某种行为以及这种选择背后的动机强度。

期望理论的核心观点是，个体从事某项活动的积极性取决于其对以下3个关键因素的评价：

（1）期望值（Expectancy）：个体对于付出努力则能达成良好表现的信念强度。即个体相信通过自己的努力能够达到预期目标的程度。

（2）效价（Valence）：个体对可能获得的结果的价值评价，即目标对于个体的吸引力或重要性。如果达成目标的结果对个体具有高度吸引力，则效价高。

（3）激励力量（Motivational Force）：根据公式，激励力量＝期望值 × 效价，它反映了个体被激励去执行某项任务的强度。只有当期望值和效价都很高时，个体的激励力量才会达到最大。

互动交流 1 "坐吃山空"

从前有一个懒汉，靠着祖上留下的财产过着悠闲的生活。他除了吃饭和睡觉，什么都不愿意做，连自己的衣服都已经3年没洗了，又脏又臭。他懒散地享受着祖上的财产，直到钱用光了，房子也卖掉了，他一下子变成了一无所有的穷光蛋。懒汉已经两天没有吃东西了，饥饿让他感到恐慌，于是他决定找份工作，至少能有口饭吃。

他来到一个铁匠铺，对打铁师傅说："请收留我吧，我可以帮你管理账目。"打铁师傅停下手中的铁锤，说："我这个小小的铁匠铺不需要管理账目的，但我正好需要一个打铁的助手。如果你愿意，可以试试看。"懒汉看了看那把大铁锤，摇了摇头离开了。懒汉来到茶馆，对茶馆主人说："请收留我吧，我可以负责看门。"茶馆主人一边忙着给老虎灶加水，一边说："我这个小小茶馆不需要看门，但是我正好需要一个挑水的助手。如果你不怕吃苦，可以留在这里。"懒汉看了看大水桶，摇了摇头。他叹了口气，自言自语地说："我的命真苦，为什么就找不到一个能欣赏我的人呢？"

他听到几个喝茶的老汉在聊天，说布店老板是个懒老板，自己的衣服都已经3年没有洗了。懒汉听到这个消息非常高兴，心想终于找到了一个理解他的人，于是急忙来到布店。推门进去一看，只见四处都是灰尘和蜘蛛网。老板躺在床上，懒散地问道："你来干什么？"懒汉急忙说："我觉得我们有很多共同之处，我相信我们会相处得很好，能不能让我在你的店里找份工作？"老板冷漠地回答："你错了，懒老板不会喜欢懒散的员工，而且我自己都懒得管理布店，现在还破产了，没有必要再招人。"

懒汉一直没有找到工作，他抱怨别人，抱怨命运，却从不反省自己。

讨论

引导学生进行以下活动：

1. 思考并讨论：懒汉为什么没能找到合适的工作？这个故事给我们什么样的启示和教训？

2. 引导学生进行体验式活动：同舟共济。

（1）将学生分成4~6人一组。每个小组发一张报纸。将报纸平铺在地上，请小组同学全部站在报纸上。

（2）指导语："同学们，这张报纸代表汪洋中的一条船，现在我们本组的全体成员都同时站在船上，一个也不能少，必须同生死、共命运。"

（3）请学生将报纸折半，要求全体学生仍然要站在面积减半的报纸上。

（4）请学生继续将报纸折半，要求全体学生保持站在面积再减半的报纸上。

（5）最后以报纸面积最小，但全组学生仍然都能站在报纸上的小组为优胜组，并给予一定的奖励。

评 析

每个人在现实生活中都有自己的梦想，都渴望成功，并且希望能够找到一条通向成功的捷径。实际上，这个捷径就在我们身边，那就是通过勤奋积累、踏实行动和积极奋斗来实现。通过本次互动交流活动，同学们感受到如果遇到由于资源的匮乏导致目标不容易实现的情况，则需要动员全身心的力量才有可能在团队的协作下完成任务。勇气和决心是行动的前提。如果我们漫无目的、毫无斗志，只是坐享其成，那么最终只能面临失败和品尝苦果。

扩 展 习 题

1. 成功通常是（　　　）取得的。
   A. 靠运气和机遇　　　　　　　　B. 凭借天赋
   C. 通过学习和不断进步　　　　　D. 依靠他人的支持和帮助
2. 当我们定下一个目标时，我们必须（　　　）。
   A. 付出不断的努力　　　　　　　B. 时刻铭记目标
   C. 依赖运气　　　　　　　　　　D. 寻求他人帮助
   答案：**C　A**

互 动 交 流 ② 错误的方法

在明朝初年，金陵上清河岸的堤坝经常发生坍塌事件。明太祖朱元璋询问群臣原因，但大家都不敢直接告诉他实情。事实上，造成堤坝坍塌的罪魁祸首是海猪（学名江豚），只需赶走海猪问题就能解决。然而，朱元璋是一个忌讳诸多的皇帝。海猪的"猪"与朱元璋的姓"朱"同音。如果直接说出实情，可能会招来杀身之祸。于是，大家商量后向皇帝上奏称：拱塌堤坝的罪魁祸首是"大鼋"（学名沙鳖,体型巨大）。其中，"鼋"与"元"同音。朱元璋以灭元起家，所以并未感到不悦，下令官兵捕捉所有的大鼋。不久后，大鼋都被捕捉光了。然而，堤坝仍然时不时地坍塌。原因是真正的"凶手"海猪仍然逍遥法外。

讨 论

引导学生进行以下活动：
1. 思考并讨论：这个故事中，大家商量后向朱元璋上奏了一个错误的罪魁祸首，结果如何？为什么？
2. 思考并讨论：从这个故事中我们可以学到什么样的道理和价值观？

3. 引导学生进行体验式活动：勇闯"地雷阵"。

本活动是一个模拟的情境，让同学们在探索未知的过程中，体验选择、犯错、反思和修正错误的全过程，认识到勇于承认错误并及时更正的重要性。

（1）游戏准备：将 4~6 个学生分成一个小组。每个小组发一张雷阵图原图（见图 4.8.1）和一张雷阵图秘籍（见图 4.8.2）。

109	110	111	112	113	114	115	116	117	118	119	120
97	98	99	100	101	102	103	104	105	106	107	108
85	86	87	88	89	90	91	92	93	94	95	96
73	74	75	76	77	78	79	80	81	82	83	84
沼 泽			67	68	69	70	71	72	沼 泽		
			61	62	63	64	65	66			
			55	56	57	58	59	60			
			49	50	51	52	53	54			
37	38	39	40	41	42	43	44	45	46	47	48
25	26	27	28	29	30	31	32	33	34	35	36
13	14	15	16	17	18	19	20	21	22	23	24
1	2	3	4	5	6	7	8	9	10	11	12

图 4.8.1　雷阵图原图

109	110	111	112	113	114	115	116	117	118	119	120
97	98	99	100	101	102	103	104	105	106	107	108
85	86	87	88	89	90	91	92	93	94	95	96
73	74	75	76	77	78	79	80	81	82	83	84
沼 泽			67	68	69	70	71	72	沼 泽		
			61	62	63	64	65	66			
			55	56	57	58	59	60			
			49	50	51	52	53	54			
37	38	39	40	41	42	43	44	45	46	47	48
25	26	27	28	29	30	31	32	33	34	35	36
13	14	15	16	17	18	19	20	21	22	23	24
1	2	3	4	5	6	7	8	9	10	11	12

图 4.8.2　雷阵图秘籍

（2）游戏过程：选出一位同学做指挥官，手里拿着雷阵图秘籍。其他同学作为工兵小队成员，需要齐心协力勇闯"地雷阵"。

（3）游戏规则：工兵小队成员需依次进入雷阵，每次只能有一人进入。指挥官根据雷阵图秘籍判断该成员的每一步是否触碰到地雷（秘籍中深色的部分意味着雷区，沼泽地第一次进入视为雷区，第二次进入可视为通过）。如果某成员触碰到雷区，必须按照原路返回起点，然后下一位成员继续尝试。未进入雷阵的成员可以观察并提供指导，但不能直接说明哪条路安全，只能通过有效的沟通帮助探索者做出决策。

（4）游戏结束：全体成员顺利通过雷区且用时最短的小组为优胜组。可以给予一定的奖励。

评 析

在我们的生活、学习和工作中，经常会出现找不准问题、看不清事物的本质、采用的方法偏离正确的方向等情况，导致我们与目标背道而驰。这种经历让我们深刻认识到，成功并非仅仅依赖于我们的努力程度，更重要的是我们是否有正确的目标作为指引，以及是否采用了科学的方法作为保障。通过这个互动交流活动，同学们认识到，成功既要有正确的目标指引，也要有科学的方法做保障。无论是平凡的我们，还是那些历史上的帝王将相，如果缺乏正确的目标和科学的方法，都难免遭遇失败的命运。

扩 展 习 题

1. 错误的方法会导致（　　　）。
   A. 成功和进步　　　　B. 失败和挫折　　　　C. 健康和幸福　　　　D. 自信和成就感
2. 南辕北辙是指（　　　）。
   A. 目标分解　　　　　　　　　　　B. 为目标而努力
   C. 顺利实现目标　　　　　　　　　D. 方向相反、目标不符
   答案：**B　D**

互 动 交 流 3　　空谈与行动

小薇生活在一个幸福美满的家庭中，拥有令人艳羡的容貌和天生的好嗓子。她有一个梦想，那就是成为一名歌手。她的父母非常支持她，并给予她很大的鼓励。按照常理，小薇实现她的梦想应该是相对容易的。她也是这样想的，所以她每天都坐在家里等待着奇迹的出现，她相信她会成为一位大牌歌手，并拥有许多粉丝。然而，她只是幻想着，什么事情都没有去做。她的父母有时会对她的行为感到无奈，劝她要实际一些。但是，小薇总是说："你们不懂，大牌都是被人请的，哪有自己这样出去。别担心，会有人发现你们宝贝女儿的！"小薇一直抱着不切实际的期待，整天幻想着哪个唱片公司会发现她。然而，最终没有任何奇迹发生。她只好按照家里的安排做了一份自己不喜欢

的工作，整天抱怨。

在小薇整天坐在家里等待机会的时候，有个名叫小花的农村女孩却在积极行动，努力追逐她的歌手梦。虽然小花的嗓音不错，但其他条件远不如小薇，然而最终她却取得了成功，成了一位备受瞩目的实力歌手，拥有众多歌迷。小花之所以成功，是因为她懂得天上不会掉馅饼，她明白一切的成功都要依靠自己的努力。尽管她没有像小薇那样优越的条件，但她从不指望机会自己找上门。

小花白天打零工，晚上在大学音乐系上夜校，还在周末的时候去酒吧当业余歌手。尽管她遭遇过很多次的拒绝，但她从不放弃，从不轻易认输。正是凭借着这份坚持和决心，她赢得了一位酒吧老板的赏识，成为酒吧的签约歌手。

随后，来酒吧的唱片公司的人注意到了她，立即与她签下了合同。经过几年的努力，小花终于发行了自己的第一张专辑，并取得了很好的销售成绩。从此以后，小花踏上了她梦寐以求的歌唱之路。

讨论

引导学生进行以下活动：

1. 思考并讨论：小薇和小花同样心怀梦想，但是为什么两个人的命运截然不同呢？

2. 思考并讨论：为什么少谈空话是成功的一个关键因素？你觉得空话和实际行动之间的关系是什么？

3. 引导学生进行体验式活动：天分与努力哪个对成功更重要？

（1）将学生随机分成两组，分别为甲方和乙方。甲方观点为"天分对成功更重要"，乙方观点为"努力对成功更重要"。

（2）甲、乙方分别推荐4位辩手参赛。

（3）赛程安排及要求：

第一，开篇立论（限时4分钟，每方2分钟）。甲、乙方一辩分别立论陈词2分钟。要求引据恰当、逻辑清晰、言简意赅。

第二，攻辩（限时8分钟，每位辩手2分钟）。甲、乙方二、三辩参加攻辩。

第三，自由辩论（限时6分钟，每方3分钟）。甲、乙方的观众参与辩论。

第四，结辩陈词（限时6分钟，每方3分钟）。甲、乙方四辩针对辩论整体态势陈词，不得脱离实际背诵稿件。

（4）辩论赛后，教师评出优胜方、一名最佳辩手及一名最佳台风奖获得者。优胜方要求辩题中心明确、主旨突出，观点有创意，整体配合和谐；最佳辩手要求观点深刻有力，语言表达流畅准确，有层次性和条理性；最佳台风奖获得者要求整体表现自然大方，回答从容自如，尊重对方辩友、评委和观众。

评　析

　　许多人都拥有自己的目标和梦想，这些目标和梦想不是遥不可及的，只要采取行动就能够实现。然而，一些所谓的"困难"会阻碍人们的行动，让人们迷失方向，从而无法实现自己的目标和梦想。与此相反，那些积极尝试和行动的人们，即使条件不理想，也能够实现自己的目标和梦想。通过本次辩论赛，同学们深刻认识到成功并不是凭空想象就能够实现的，它需要在确立目标的同时付诸行动。在今后的学习和工作中，希望同学们既仰望星空，又脚踏实地，只有这样才能获得预期的成功。

后 记

十年树木，百年树人。作为一名深耕青少年成长发展的大学教师，我深刻地认识到，教育的力量是塑造个人、家庭和社会未来的重要基石。我希望能够将多年的教育咨询经验凝结在一本书里面，像一盏灯照亮孩子们成长的道路，引领他们走向光明的未来。

之所以从主题班会设计入手，是因为在学校的教育教学中，班会这个看似简单的形式，实则蕴含着巨大的潜力。它能够通过丰富多彩的体验式活动，培养孩子们的集体意识、促进身心发展、培养良好习惯；让孩子们学会团结与合作，学会尊重与理解，学会责任与担当。每一次班会，都是心灵的触碰，情感的交流，都应成为孩子们心中温暖的记忆。

然而，由于缺乏专业的培训，班主任在组织班会时水平参差不齐，教育效果难以保证。所以我们将多年来做课程设计的理论基础与实践经验相结合，以"自我管理"为主线，针对不同学段的学生特点，撰写了这本《中小学生自我管理主题班会设计》。本书不仅让班主任在班会设计中有了实用的工具，而且丰富了"大思政"课程体系的内容和形式，提升了班主任思政工作的理论与技能水平。希望通过精心设计的班会课程，让孩子们在参与中感受到爱，在体验中感受到温暖，在学习中获得价值提升，最终实现自我教育和自我完善的发展目标。

在此，要感谢所有参与本书编写的专家和教师。其中，我完成了全书的统稿和第二章的内容撰写。李满老师完成了第一章、第三章、第四章的内容撰写。还要感谢万志全教授、苏忠义先生、白雅君先生、陈素云女士、侯燕妮女士在本书编辑出版过程中提供的支持和帮助。感谢博雅学业职业发展研究中心的梁岩老师、张小芸老师、车芳璐老师积极参与本书的资料搜集和文稿校对工作。

让我们携手努力，共同为青少年的生涯发展保驾护航。让每一个生命翩翩起舞。

谷力群

2024 年 10 月于大连